창업에서 Exit까지

창업에서 Exit까지

초판 1쇄 발행 2025년 5월 1일

지은이 정형학
펴낸곳 드림위드에스
출판등록 제2021-000017호

교정 김일권
편집 양수미
검수 양수미
마케팅 위드에스마케팅

주소 서울특별시 강남구 학동로 165, 2층 (신사동)
이메일 dreamwithessmarketing@gmail.com
홈페이지 www.bookpublishingwithess.com

ISBN 979-11-92338-80-4(03320)
값 15,000원

- 이 책의 판권은 지은이에게 있습니다.
- 이 책 내용의 전부 또는 일부를 재사용하려면 반드시 지은이의 서면 동의를 받아야 합니다.
- 잘못된 책은 구입하신 곳에서 바꾸어 드립니다.

창업에서 Exit까지

정형학 지음

드림위드에스

목차

프롤로그 ·· 6

1부 Always Together with Pet: 창업의 꿈
1. 영어를 못하지만 영어 면접에 붙다 ·································· 10
2. 업계 및 시장에 대해 깊은 이해가 필요한 이유 ················· 14
3. 초기 어려움을 극복하고 판매와 마케팅의 전문가가 되다 ············ 19
4. DKSH가 내게 가르쳐 준 것들: 반려동물 영양학, 소비자의 중요성 ··· 21
5. 본격적으로 사업가로서의 항해를 시작하다 ························· 23
6. 공장의 설립과 이전, 확장까지 이어지는 험난한 길을 걷다 ·········· 26
7. 보험 보상금으로 새로운 도약에 투자하다 ························· 30
8. 대표가 생산부터 영업까지 적극적으로 개입해야 하는 이유 ·········· 36
9. 제품 자체에 대한 고민: 가족이 된 반려동물을 어떻게 더 잘 돌볼까? ··· 43

2부 Always Try: 멈추지 않는 도전과 노력 (24시간, 365일 깨어 있어라!)
1. 4P 중 가장 중요한 것은 Product: 제품 경쟁력을 높이기 위한 노력 ·· 51
2. 연구개발과 동기화된 영업과 마케팅 역량의 강화 ··············· 53
3. 창업 초기 전략 수정: 수입 유통에서 제조로의 전환 ············ 55
4. 박사 학위와 사업의 균형 ·· 57
5. 정책적 환경 변화를 위한 고민들 ·· 60

3부 Always Thinking Ⅰ: Start-up 시작은 반드시 이렇게 하라
1. 스타트업이 성공하기 위한 기본 조건들 ····························· 65
2. 창업 초기 단계에서의 조직 문화를 어떻게 만들 것인가? ············ 67
3. 창업 전 반드시 Exit 전략을 만들어야 한다 ························· 70
4. 비즈니스 모델 없이는 사업의 성공도 없다 ························· 72
5. 반려동물 사료 산업의 비즈니스 모델을 어떻게 만들 것인가? ······· 73

4부 Always Thinking II : Scale up에서 절대 빠질 수 없는 것들

   1. 스케일 업 단계에서 조직 문화를 어떻게 만들 것인가? ········ 78
   2. 리더의(CEO)의 리더십 ·· 80
   3. 경영 전략에서 경쟁우위, 비교우위 그리고 차별화우위 ········ 82
   4. 신제품 개발과 마케팅 전략 ·· 84
   5. R&D 전략 ··· 87
   6. 은행 돈은 내 돈이다 ·· 90

5부 Always Trusting in Relationships: B2B 고객과의 신뢰 구축

   1. B2B의 본질: 관계 기반 비즈니스 ··· 96
   2. 고객 신뢰 형성의 중요성 ·· 100
   3. B2B 환경에서의 위기관리 ·· 105
   4. B2B에서 기회를 창출하는 전략, 신규 고객의 지속적 확보 ········ 109
   5. 거래처와의 관계에서 깨달은 비즈니스의 본질 ···················· 112

6부 성공적인 Exit 경험 공유

   1. Exit(성과 회수)에 대해 이해하기 ·· 120
   2. 그렇다면, M&A는 왜 하는가? ·· 123
   3. M&A 시 회사의 가치 올리기 ·· 126
   4. 생존 전략과 성장 전략 ·· 131
   5. 성장전략으로서의 M&A 활용 ··· 134
   6. 인수 후 통합 (Post-Merger Integration: PMI) 전략 ············ 137

   에필로그 ·· 146

프롤로그

뜨거운 햇살이 사무실 창문을 통해 들어오던 그날, 나는 그동안의 모든 노력이 결실을 맺는 순간을 맞이했다. M&A 계약서에 마지막 서명을 하며 머릿속을 스쳐 갔던 수많은 장면들—처음 사업을 시작했던 날, 예상치 못한 위기와 성공의 순간들, 그리고 함께했던 사람들의 얼굴들이 하나하나 떠올랐다. 눈앞에 놓인 종이는 단지 사업의 종료를 의미하는 것이 아니라, 그동안의 여정이 진정으로 성공적이었음을 증명하는 상징이었다.

이번 M&A는 단순한 거래 이상의 의미를 지닌다. 이 거래를 통해 우리는 성공적으로 Exit 할 수 있었고, 그 결과는 수치로도, 그 이상의 의미로도 충분히 설명될 수 있었다. 우리의 매출은 매년 두 자릿수 성장을 기록하며, 이익도 마찬가지로 꾸준히 증가했다. 고객들이 반려동물에게 진정으로 필요한 제품을 찾을 수 있게 된 것은, 우리가 시장을 정확하게 이해하고 있었다는 증거였다.

나는 회사가 여전히 탄탄한 성장 궤도에 있다는 점에 자부심을 느낀다. M&A 이후에도 우리 회사는 꾸준히 경쟁력을 유지할 것이며, 새로운 시장과 고객에게도 지속적으로 다가갈 것이다.

이제는 과거의 노력과 성과를 뒤로하고, 앞으로의 가능성을 바라볼 때다. Exit는 끝이 아니라 새로운 시작을 의미한다. 나는 이 회사가 앞으로도 계속해서 성장하고, 더 많은 사람들에게 가치를 제공할 것임을 믿어 의심치 않는다.

이 책은 그 과정에서 얻은 모든 교훈과 경험을 담아, 미래 및 초기 창업자들에게 영감과 지침이 되기를 바란다. 성공적인 Exit는 단지 하나의 결과일 뿐, 그 뒤에는 수많은 도전과 끊임없는 노력이 있었다. 이제 그 이야기를 시작하려 한다.

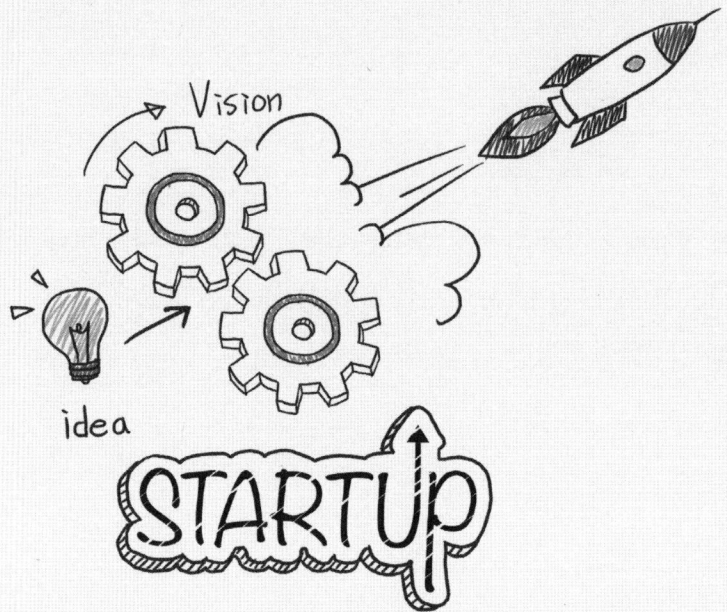

1부

Always Together with Pet: 창업의 꿈

1. 영어를 못하지만 영어 면접에 붙다

사회생활 초기, 잘 다니던 회사를 아무 대책 없이 그만두었다. 지금 와서 생각해 보면, '결국 상사들은 모두 부르주아이고 나는 프롤레타리아'라는 당시 나의 삐뚤어진 편견과 사고방식 때문에 늘 상사들과 부딪칠 수밖에 없었던 것이 이유가 아니었을까 싶다.

회사를 갑자기 그만둔 것은 당시 내 입장에서 보면 정말 무모하기 짝이 없는 일이었다. 그 당시 막 결혼을 하고 아내가 직장을 다니고 있던 데다가 아직 아이가 없는 상태여서 그나마 다행이었다고 할까. 며칠 놀다 보니 지루하고, 재미도 없어서 '영어 공부나 좀 해 볼까?' 하는 생각으로 『The Korea Herald』 신문을 구독하게 되었다. 지금도 그렇지만, 나는 그때 영어를 참 못한다고 생각했다.

1996년 6월의 어느 날이었다. 매일 그랬듯이 신문을 보다 보니 Job 어쩌고저쩌고하는 광고가 보여서 궁금증이 일어 전화를 해 보았다. "거기 뭐 하는 곳이냐?"라고 물으니 "직장을 찾아 주고…." 하는데, 잘 알아들을 수 없는 이야기를 하는 것이었다. 그러다가 관심 있으면 이력서를 가지고 방문해 달라고 하길래 이력서를 써서 가겠다고 통화를 마친 후, 부랴부랴 대충 손으로 이력서를 썼다. 당시에는 통화한 곳을 직업소개소 정도로 생각했는데 나중에 알고 보니 헤드헌터였다.

다음 날 이력서를 가지고 오라고 했던 곳으로 찾아갔다. 사무실에 도착하여 영어로 인터뷰를 하는데, 한 마디도 못 알아들었다. 생긴 것은 분명히 한국 사람인데 계속 영어만 하길래 내가 우리말로 "당신 미국 사람이냐?"라고 물으니 그때서야 본인은 헤드헌터이자 이 회사 부사장이라고 하는 것이었다. 그러면서 그는 클라이언트들이 거의 모두 외국 회사이기 때문에 영어를 못하면, 연결해 줄 수가 없다고 했다. 이력서까지 써서 왔는데 그것은 안 될 노릇이었다. 그래서 그 부사장에게 '그래도 여기까지 왔으니, 나 취업 좀 시켜 달라'고 막무가내로 떼를 썼다.

그는 그런 나를 가만히 바라보며 잠시 생각을 하다가 잠깐만 기다리라고 하더니, A4 용지를 하나를 가져다주었다. 종이에는 온통 영어만 쓰여 있어서 무슨 내용이 있는지 잘 이해가 되지 않았다. 그러나 pet이라는 단어가 중간중간 나오길래 처음에는 새 같은 동물들 키우는 것과 관련된 회사인가 보다 생각했다.

그에게 내가 영어를 잘 못하니 해석 좀 해 달라고 했는데, 그가 이 회사는 개, 고양이 사료 회사라고 했다. 개와 고양이가 먹는 사료라니! 나는 그때까지 개, 고양이는 사람들이 먹고 남긴 밥찌꺼기만 먹고 사는 줄 알고 있었는데, 사료를 먹는다는 걸 그때 처음 알게 되었던 것이다. 그 말을 듣자마자 초등학교 다닐 때 시골집에서 기르던, 쥐약을 먹고 속절없이 저세상으로 가 버린 누렁이가 생각났다. '누렁이도 사료를 먹었으면 그렇게 세상을 떠날 일이 없지 않았을까?' 잠깐 상념에 빠졌던 나에게 부사장이 말했다.

"이런 회사가 있으니 참고로 알고, 이 회사에 이력서를 보낼 테니 돌아가 기다려라."

집에 돌아오자마자 삐삐가 울렸다. 그 당시에는 지금처럼 휴대폰이 대중화되어 있지 않고 주로 삐삐를 가지고 다니며 소통하던 시절이었다. 호출된 전화번호로 전화를 해 보니 방금 방문했던 그 회사였다. 당장 내일이 면접이니 잘 준비해서 보라는 연락이었다. 개와 고양이 사료가 있다는 것을 처음 알게 된 날인데 그 사료를 판매하는 회사에 바로 면접을 보게 되어, 전날 특별히 준비할 수 있는 것이 사실 많지 않았다. 다음 날 아침 회사에 도착하여 직원의 안내를 받아 면접장으로 가 보니 키는 족히 190은 돼 보이고, 체중은 100킬로그램이 넘을 것 같은 한 외국 사람이 앉아 있었다.

그가 나를 보고 매우 더듬거리는 우리말로 꺼낸 첫마디는 자격이 안 되는데, 왜 여기 왔는지 모르겠다는 내용이었다. 그래서 내가 "그럼 자격 요건이 뭐냐?"라고 물어봤더니 "자격 요건이 어떻게 되는지도 모르고 온 것이냐."라고 하면서 황당해하는 것이었다. 아마도 전날 헤드헌터가 보여 준 A4 용지에 자격 요건이 있었을 텐데, 영어를 잘 못했던 탓에 제대로 확인을 못 했던 것이다. 자격 요건은 '소비재 영업 또는 마케팅 분야의 최소 10년 이상 부장급 경력자'였다.

당시 나는 5년도 채 되지 않은 경력이라 자격 요건에 미치지 못하는 상태였다. 하지만 그 순간 임기응변을 발휘하여 이력서에는 약 5년 정도밖에 경력이 안 되지만, 다른 사람들보다 최소한 2~3배의 일을 했기 때문에 나의 실제 경력은 약 10~15년은 된다고 봐야 한다고 주장했다. 그랬더니, 그가 나를 똑바로 쳐다보면서, "정말 그렇게 열심히 일했냐."라고 되묻는 것이었다. 나는 다시 한번 "그렇다. 난 정말 누구보다 열심히 했다."라고 몇 번이나 강조했다.

그는 영어는 어느 정도 하느냐고 물으면서, 영어로 나에게 뭔가 질문을 쏟아 내는데 전혀 알아들을 수가 없었다. 그는 내가 영어를 못한다는 것을 파악하고는 자기네 회사에서 근무하려면, 영어를 잘해야 한다고 했다. 그래서 나는 "우리나라에서 비즈니스를 하는데, 영어가 그렇게 중요한 건 아니다."라고 맞받아쳤다. 그랬더니 그가 "그것도 맞는 말."이라고 하면서, 입사하면 정말 열심히 일할 수 있냐고 몇 번이나 확인을 했다.

면접을 약 한 시간 정도 치렀다. 집에 도착하자마자 헤드헌터한테 삐삐가 와서 전화를 해 보니, "낼 사장 면접이 있으니, 9시까지 다시 회사로 가 보라."라는 것이다. 다음 날, 사장 면접을 위하여 또 회사로 갔다. 비서가 사장에게 안내를 하는데, 그 옆에는 어제 면접을 봤던 그 덩치 큰 아저씨가 앉아 있었다.

"입사를 축하합니다."

그의 첫마디였다. 그날이 바로 반려동물 사료 업계로 들어선 첫날이 되었다.

2. 업계 및 시장에 대해 깊은 이해가 필요한 이유

 반려동물 사료 업계에 처음 발을 들였을 때, 이 분야에 대한 정보는 전혀 없었다. 당시, 반려동물 사료라는 시장이 존재한다는 사실조차 알지 못했고, 그저 직장을 구하는 과정에서 DKSH라는 회사에 입사하게 된 것뿐이었다. DKSH에 처음 입사했을 때, 나는 이 회사가 반려동물 사료를 다루는 곳이라는 것만 알았고, 시장의 크기나 성장 가능성에 대해서는 전혀 고려하지 않았었고, 알지도 못했다.

 DKSH에서 근무하는 동안, 나는 반려동물 사료와 관련된 다양한 업무를 접하게 되었고, 이 과정에서 시장에 대한 기본적인 이해를 차츰 쌓았다. 그러나 당시의 나는 단순히 업무를 수행하는 데 집중했을 뿐, 시장의 세부 동향이나 성장 가능성에 대해 깊이 있게 분석할 여유가 없었다. 이로 인해 나는 반려동물 사료 시장의 전반적인 흐름을 파악하는 데에는 한계를 느꼈다.

 처음 DKSH에서 영업과 마케팅 업무를 시작했을 때, 나는 마치 낯선 땅에 발을 디딘 탐험가 같았다. 마케팅이라는 용어는 매우 낯설었고, 그 본질과 실천은 전혀 다른 이야기였다. 숫자와 데이터, 소비자 심리 그리고 브랜드 전략은 단순히 배워서 되는 일이 아니었다.

 업무를 시작하자마자, '시장 분석'이라는 단어가 등장했다. 그때 나는 막막함을 느꼈다. 경쟁사의 동향과 소비자의 요구를 파악하며, 이를 바탕으로 전략을 세우는 일은 나에게 미지의 영역이었다. 회의에서 동료들이 소비자 인사이트(Insight)나 포지셔닝(Positioning)을 논할 때마다 스스로가 뒤처져 있다고 느껴졌다. '그저 상품을 잘 팔면 되는 것 아닌가?' 하는 생각에서 벗어나야 했다. 그러나 어떻게, 어디서부터 시작해야 할지 몰랐다.

나는 업무를 하며 점점 더 많은 질문에 부딪혔다. "왜 소비자는 특정 브랜드를 선호하는가?", "어떤 요소가 구매 결정을 좌우하는가?" 이런 물음은 단순히 호기심이 아니라 생존의 문제였다. 마케팅의 본질을 이해하지 못하면 성장할 수 없다는 위기의식이 점점 더 커졌다. 답을 찾기 위해 선택한 길은 공부였다. 일과 학업을 병행하기로 결심한 것은 단순한 도피가 아니라, 자신을 근본적으로 변화시키기 위한 첫걸음이었다.

숭실대학교 전경

대학원 석사 과정에 들어가면서, 나는 전혀 다른 세계를 만났다. 거기에는 이론과 실무를 연결하는 다리가 있었고, 수많은 사례와 데이터 분석 결과들을 통해 짜인 마케팅의 구조들이 가득했다. 강의실에서 배운 STP(Segmentation, Targeting, Positioning) 이론은 DKSH에서 제품 라인을 재정비하는 데 큰 힘이 되었다. 시장을 세분화하고, 핵심 타깃을 선정하며, 그에 맞는 포지셔닝을 전략적으로 설정하는 과정을 통해, 나는 처음으로 마케팅의 맛을 느낄 수 있었다.

STP 전략(STP Strategy)

STP 전략은 시장을 세분화하고(Segmentation), 세분화된 시장 중 표적 시장을 선정하고(Targeting), 자사의 위치를 정하는 포지셔닝(Positioning) 하기 위한 프레임워크이다.

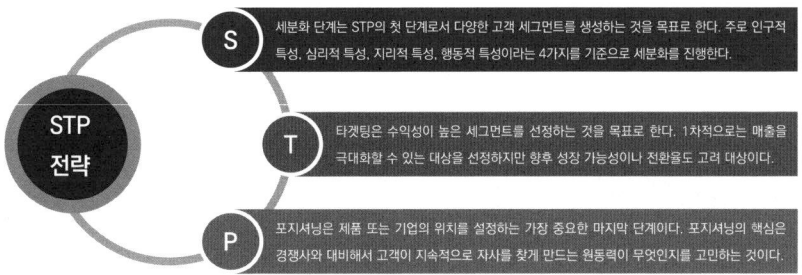

STP 전략 프레임워크

그리고 새롭게 배운 지식들을 안고 업무 현장으로 돌아왔을 때 그 지식들은 곧바로 적용할 수 있는 효과적인 도구가 되어 주었다. 또한, "왜 우리가 이 제품을 이렇게 팔아야 하는가?"라는 질문들에도 전과 달리 명확히 답할 수 있었다. 특히 이러한 질문에서 시작된 소비자 데이터 분석을 통해 잠재 고객층을 찾아내는 작업은 DKSH에서의 큰 성과로 직결되기도 했다. 반려동물 사료의 고객군을 세분화하고, 각 세그먼트에 맞는 광고 캠페인까지 기획하여 판매까지 연결했던 경험은 내가 배운 지식들을 활용함으로써 스스로가 얼마나 성장했는지를 보여 주는 결정적인 순간이었다.

마케팅 개념이 전혀 없던 상태에서 시작했던 나는 이제 회사 내에서 전략적 사고를 할 줄 아는 전문가로 자리 잡았다. 대학원 생활과 실무 경험은 단순히 지식을 쌓는 것을 넘어, 나를 완전히 다른 사람으로 탈바꿈시켰다. 이 경험은 이후 내가 창업과 연구를 결합하며 성공적인 비즈니스 모델을 구축하는 데 밑거름이 되었다.

그때의 막막함과 배움에 대한 갈증이 없었다면, 지금의 나는 없었을지도 모른다. 나 스스로를 변화시키기 위해 결단했던 순간들이 결국 인생에서 중요한 전환점이 되었다.

대학원에서 마케팅을 공부하며 실무에 적용해 일부 성과를 거두었다고 자부할 수 있었지만, 나는 여전히 내 실력과 능력이 완벽하지 않음을 느꼈다. 이론과 실무의 조화라는 관점에서 볼 때, 나는 학교에서 배운 것들을 실무에 접목하려 노력했지만, 그것만으로 모든 문제를 해결할 수는 없었다. 프로답지 않은 모습은 곳곳에서 드러났고, 이는 스스로에게 부끄러움을 줌과 동시에 더 나아가야 할 동기를 부여했다.

거의 10년에 달하는 기간 동안 DKSH에서 쌓은 경험은 분명히 소중했지만, 그때의 나는 여전히 시장 전체의 변화와 동향을 예측하는 데에 있어서는 부족함이 있었다. 이런 나의 한계는 나중에 회사를 나와 창업을 하게 되면서 더 뚜렷하게 드러났다. 회사를 설립한 후, 나는 이 시장이 과연 얼마나 더 확대되고 성장할 것인가에 대한 예측을 충분히 하지 못했음을 깨달았다. 그 결과, 사업을 운영하면서 여러 가지 예상치 못한 어려움에 직면하게 되었고, 이는 창업 초기 단계에서 큰 도전 과제가 되었다.

시장을 정확하게 파악하고 예측하기 위한 시간을 가지기보다는 공격적인 영업을 통해 빠르게 시장 점유율을 높이려는 전략을 택했지만, 이는 곧 예상치 못한 결과를 가져왔다. 거래처와의 신뢰를 쌓기 위해 유연한 조건을 제시했던 것도 독이 되었다. 매출은 증가했지만, 미수금이 쌓여 갔다. 상황을 통제하지 못한 경우도 발생했다. 거기에다가 한번은 주요 고객 중 한 곳에서 대량 주문을 했던 제품이 대규모로 반품된 적도 있었다. 모두 시장에 대한 판단을 신중하게 하기보다, 좀 더 빠르게 시장을 장악하는 것이 우선이라고 생각해서 발생한 어려움들이었다.

당시 힘들었던 시간들을 되짚어 생각해 보면, 매출 목표를 맞추기 위하여 제대로 잠을 자 본 날이 손에 꼽을 정도였던 것 같다. 건강마저 서서히 악화되고 있었는데, 특히 스트레스를 해소하기 위해 피우던 담배가 큰 원인이었다. 창업할 즈음에서는 하루 한 갑이었던 담배 피우던 양이 점차 두 갑으로 늘어나더니, 나중에는 거래처와 통화하는 시간에도 손에서 담배를 놓지 않을 정도가 되었다. 기침이 잦아지고 가슴이 자주 답답해졌지만, 그때는 일이 더 중요하다고 여겼다.

시장을 제대로 파악하지 못한 데서 오는 조급함이 나날이 커져 갔기 때문이었을까. 병원을 찾아야겠다는 생각조차 미뤄야 할 정도로 일에 몰두하고 있었다. 결국 이러한 상황은 당연하게도 심각한 질병이 되어 돌아왔다. 하지만 이 질병은 나에게 또 다른 새로운 기회를 주기도 했는데, 이와 관련된 부분은 뒤에서 좀 더 자세히 이야기하도록 하겠다.

창업 초기에 겪은 이러한 쉽지 않은 경험을 통해, 나는 시장의 성장 가능성을 조기에 탐지하고 이에 맞춘 전략을 세우는 것이 얼마나 중요한지를 깨달았다. 초기의 부족한 예측과 인식이 창업 초기 단계에서 나에게 어려움을 초래했던 만큼, 어려움을 어느 정도 극복한 이후부터는 이를 교훈 삼아 더욱 신중하게 시장을 분석하고 예측하는 데 주력했다.

3. 초기 어려움을 극복하고
   판매와 마케팅의 전문가가 되다

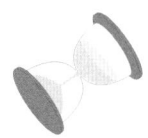

　DKSH에 입사했을 당시 반려동물 사료 사업부의 월 매출은 약 1억 원 미만에 불과했다. 회사는 부서별로 매출 손익계산서를 만들어 Finance & Accounting 임원이 다음 달 10일이 되면 나와 나의 상사인 Mr. Janson에게 항상 가져다주었다. 입사 초기에 부서의 손익계산서를 보니 매월 약 3,000~5,000만 원씩 적자를 보고 있었다. 얼마 후 IMF의 구제금융이 시작되면서, 매출은 더 떨어지고, 환율은 무려 1달러당 2,000원까지 치솟았다.
　내가 근무했던 DKSH는 미국의 IAMS라는 회사로부터 사료를 수입해서 국내에 팔고 있는 회사였기 때문에 원화 가치의 급락은 회사에 정말 치명적이었다. 회사의 목표 달성을 위하여 월말에 세금계산서를 미리 발행하고, 다음 달 초부터는 어떻게든 그 물건을 팔기 위하여 전국 방방곡곡을 헤집고 다녔다. 그리고 그 물건이 거의 판매될 무렵이면 또 매출을 달성하기 위하여 세금계산서를 미리 발행하고 다음 달에 물건을 판매하기 위하여 전국을 쏘다녔다. 이렇게 힘겨운 한달 한달이 반복되는 가운데 어느덧 IMF 구제금융은 끝났고, 환율은 다시 안정되기 시작하였다.

　DKSH에서 매출 목표를 달성하기 위해 전국을 누비던 시절은 그야말로 열정과 치열함으로 가득했다. 당시 내게 주어진 목표는 단순히 숫자로만 존재하는 것이 아니었다. 그것은 나의 책임감과 존재감을 시험하는 도전이었다. 하지만 그 치열함은 때로는 나 자신을 소진시키는 고된 여정이기도 했다.

매출 목표를 달성하기 위해, 나는 차를 몰고 전국을 돌며 영업에 몰두했다. 어느 동물병원, 어느 펫 숍이라도 이름만 들으면 그 위치를 정확히 짚어 낼 정도로 나는 그 지역과 현장에 익숙했다. 지도도 보지 않고 한 도로에서 다른 도로로, 한 도시에서 다른 도시로 쉼 없이 달렸다.

문제는 끝없는 이동과 과중한 업무로 인해 휴식 시간이 거의 없었다는 점이었다. 그러다 보니 잠자는 시간은 점점 줄어들었다. 심지어 한 번은 지방에서 고객 미팅을 마치고 서울로 올라오는 길에, 차 안에서 졸다가 중앙선을 넘어갈 뻔한 적도 있었다. 그 순간 심장이 철렁 내려앉으며 '이러다 큰일 나겠다.' 하고 생각했지만, 당장 눈앞의 목표가 더 절실했기에 충분한 휴식을 취할 여유가 없었다.

영업을 하는 사람들끼리 모이면 웃으며 이런 말을 하곤 했다.

"우리처럼 영업하는 사람들은 동물병원과 펫 숍 이름만 들어도 전국 어디에 있는지 바로 위치를 알 수 있다."

사실 농담처럼 했지만, 그것은 자부심이자 고된 노력의 결과였다. 수없이 방문하고 이야기를 나눴던 장소들, 손님과 나눈 대화들 그리고 그 속에서 얻은 깨달음들이 나의 영업 지도를 그려 나갔다. 내가 만든 그 지도가 매출 목표를 향한 길을 열어 주었다.

전국을 돌아다니며 구축한 판매망은 어느덧 견고한 실적을 내고 있었고, 내가 회사를 퇴사할 무렵 사업부의 월 매출은 평균 15억 이상이 되었다. 내가 입사하고 9년 만에 사업부의 매출이 무려 25배가 증가한 것이다. 그리고 나는 이미 임원으로 승진해 있었다.

4. DKSH가 내게 가르쳐 준 것들: 반려동물 영양학, 소비자의 중요성

　다시 말하지만 DKSH에 입사한 당시에 나는 개, 고양이는 잔밥이나 먹는다고 생각했지 별도로 그들만을 위한 사료가 존재한다는 사실조차도 알지 못했다. 초등학교 다닐 때도 그랬고 이후로도 가끔 시골에 가면 마당에서 놀고 있는 누렁이는 늘 그렇게 사람이 먹고 남은 밥만 먹었으니까. 나에게는 그것이 당연한 상식이었다. 그러나 제품을 판매하기 위해서는 제품 자체에 대한 지식을 갖춰야 하는 것은 물론, 우리의 제품을 소비하는 소비 주체인 개나 고양이와 같은 반려동물과 제품 구매자인 반려동물을 기르는 보호자에 대해서도 잘 알아야 한다는 사실을 깨달았다.

　그리하여 개, 고양이가 어떻게 임신, 출산, 성장, 노령, 사망의 시기를 거치는지 그리고 이 기간 동안 어떤 사건들이 발생하는지 등에 대한 정보가 없으면 안 된다는 생각을 하게 되었다. 내가 지금 팔고 있는 제품이 개, 고양이의 사료(식품)이기 때문에 이 식품을 섭취하는 동물과 관련된 지식을 쌓지 않으면 안 된다는 생각이었다. 게다가 제품의 소비는 동물이 하지만, 구매는 사람이 하기 때문에 사람의 구매 행태에 대해서도 공부를 하기 시작했다. 반려동물이 아무리 먹고 싶도록 제품을 만든다고 하더라도 보호자가 구매하지 않으면 소비가 일어나지 않는다는 것을 깨닫고 난 뒤부터는 마케팅을 공부해야겠다고 생각했다. 그리고 마케팅 중에서도 소비자 행동을 전공하는 박사 과정에 진학하게 되었다.

  그 뒤에 나는 창업을 하고 반려동물 영양에 대한 박사 과정에도 진학하게 되었다. 박사 과정을 진행하는 것은 정말 쉽지 않았지만 DKSH에서 근무할 때부터 시작된 마케팅과 반려동물 영양에 대한 깊은 관심은 박사 과정을 거치면서 실제적인 현장 경험이 갖춰진, 나만의 전문화된 지식으로 내재화되며 더욱 견고해졌다.

5. 본격적으로 사업가로서의 항해를 시작하다

DKSH에 근무하던 당시에만 해도 2002년 한일 월드컵의 성공 등으로 인해 소비 경기가 좋아지는 추세였는데, 이에 힘입어 반려동물 관련 산업도 급속도로 성장했다. 물론 당시에는 시장의 기본적인 규모가 작아서 성장 폭이 크다고 해도 성장률만 높았지 시장 자체가 어마어마하게 크지는 않았다. 하지만 워낙에 성장세가 눈에 띄다 보니 실용적인 전공이 많은 2년제 대학을 중심으로 반려동물 관련 학과가 우후죽순 생겨나기 시작하였다. 그러나 대학에서 사용할 마땅한 교재도 없고, 대학을 졸업한다고 해도 이 업계에서 일을 하기 위해서는 졸업생들에게 추가 교육과 자격증이 필요한 상황이었다.

그러다 관련 학과 졸업생의 업계 진출이 쉽지 않다는 점을 안타깝게 생각한, 반려동물 사료 업계 경영자 중 한 분이셨던 강명천 사장님(현재 ㈜부산수의약품 대표이며 부산경상대 반려동물보건과 교수)이 애완동물 산업 교육원을 설립하셨는데, 나도 그곳에 함께 참여하였다.

이런 취지로 설립되었다 보니 회사명도 애완동물 산업 교육원이었고, 교육과 자격증 사업 등을 주로 했었다. 그러나 DKSH를 다니면서 동시에 이러한 활동을 하는 것이 쉽지 않았다. 그래서 나도 이 법인이 설립된 이후 거의 활동을 하지 않았고, 사업도 잘되지 않아 회사는 폐업 상태에 들어가게 되었다. 그렇게 되니 차라리 내가 그 회사를 가져가야겠다고 생각했고, DKSH를 퇴사할 무렵에는 이미 자본금이 바닥난 상태여서 한 푼도 들이지 않고 회사를 인수할 수 있었다. 그렇게 애완동물산업 교육원은 사실상 내가 만든 것과 다름없게 되었다.

회사를 가져온 후에는 수입부터 하기 시작했다. 미국과 중국에서 반려동물 사료와 간식을 수입하다가, 1년 정도 지난 뒤에야 제조를 본격적으로 시작하게 되었다. 수입을 하던 초기부터 기술을 익혀 사료를 제조해야겠다는 생각을 염두에 두고 있었다. 기술을 익혀야겠다고 생각했던 주된 배경에는 내가 집중하고자 하는 사업 아이템이 반려동물의 간식이었던 것도 크게 작용했다.

창업 초기 나는 전체 시장의 성장성에 초점을 맞추기보다는 내가 DKSH에 재직하면서 주요 활동 무대가 되었던 두 가지 세부 시장, 즉 주식(완전식품: 영양과 균형이 맞는 사료) 시장과 간식(건강기능식품 포함) 시장을 비교하여 전략을 결정했다. 먼저 주식 시장은 대기업과 글로벌 기업들이 이미 자리 잡고 있는 시장이라 경쟁이 치열하다고 판단했다. 반면, 간식 시장은 상대적으로 경쟁이 덜하고 성장 가능성이 더 높다고 생각했기 때문에 사업을 이 시장에 집중하기로 결심했다. 이러한 판단에 따라, 나는 간식 시장을 중심으로 창업을 하게 되었다.

그러나 또 다른 문제가 있었는데, 사실 나는 DKSH에 근무할 당시에는 주식인 제품을 주로 취급했기 때문에 간식은 잘 알지 못했다. 간혹 간식을 취급하는 거래처를 방문하게 되면 어깨너머로 몇 번 본 것이 전부였다. 결국 시장의 경쟁력을 기준으로 집중 사업 분야는 선택할 수 있었지만 여전히 부족한 지식과 경험은 극복해야 할 문제로 남아 있었다. 그래서 처음부터 제조를 하는 것이 아니라, 수입을 하면서 시장과 기술, 제품을 우선 이해하고자 했던 것이다.

글로벌 대기업들이 이미 주식 시장을 점유하고 있었기 때문에 앞서 언급했던 것처럼 간식 수입을 통해 경험을 쌓다가 간식 제조 분야로 점차 진입을 시작했다. 간식 시장은 주식 시장에 비해 상대적으로 경쟁이 덜해 무난하게 시장에 진입할 수 있었기 때문이다. 당시에는 한국에 반려동물 간식을 만드는 회사가 두세 개밖에 없었고, 나는 서너 번째로 시장에 진입한 것이었다. 당시 대부분의 사료는, 즉 주식이든 간식이든 90% 이상이 수입품이었다. 나는 왜 이렇게 많은 수입품이 필요한지 의문을 가졌고 이 문제를 국산화를 통해 해결하고 싶었다. 특히 원료에 대한 국산화가 필요하다고 생각했다. 이 아이디어의 실현을 위해 내가 맨 처음 추진한 것이 바로 공장의 설립이었다.

6. 공장의 설립과 이전,
확장까지 이어지는 험난한 길을 걷다

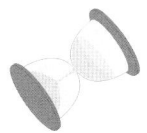

2007년 10월, 내가 처음에 제조 공정을 시작한 공장의 위치는 남양주시 별내면 청학리였다. 그곳은 주택가에 위치한 30평 남짓한 작은 공장이었다. 2층에는 주인이 살고 있었고 나는 1층에서 월세를 내며 혼자서 제품 개발을 시작했다. 이렇게 시작한 제조 공정은 초기에 많은 어려움을 겪었다. 일단 제품을 어떤 기계로 만들어야 하는지 몰라서 대부분 손으로 만들었다. 어떤 원료를 사용해야 하는지도 몰랐고, 제품에서 곰팡이가 피어도 이유를 알 수 없었다. 반려동물에게 필요한 영양이 뭔지는 더욱더 생각조차 할 수 없는 그야말로 무지한 시기였다. 힘들게 손으로 만든 제품의 판매는 저조했고, 매출은 기대에 미치지 못했으며, 마이너스 이익이 당연했다. 공장을 열고 나서 약 10개월 정도 흐를 때까지 이런 상황이 계속되었다.

처음으로 내 손으로 만든 제품을 세상에 내놓았을 때의 감정은 벅찼지만, 현실은 냉정했다. 기대했던 판매량은 나오지 않았고, 매출은 기대에 크게 못 미쳤다. 사업 초기 약 10개월 동안은 매출보다 지출이 더 많았고, 마이너스 이익은 일상이었다. 그 시기는 나에게 있어 가장 큰 시험대였다.

사업이 제대로 되지 않았던 원인은 명확했다. 제품의 원가가 너무 높았고, 그로 인해 적정한 마진을 확보하지 못했다. 매출이 늘어나더라도 이익이 나지 않는 구조였다. 해결책은 두 가지뿐이었다. 판매가격을 올리거나 원가를 낮추는 것. 하지만 시장 상황에서 판매가격을 높이는 것은 현실적인 한계가 있었다. 중국 등지에서 수입한 경쟁 제품이 많았고, 소비자들은 조금이라도 더 저렴한 상품을 찾고 있었다. 내가 선택할 수 있는 유일한 길은 원가를 낮추는 것이었다.

원가를 낮추기 위한 다양한 방법들에 대해 오랜 시간 고민을 한 끝에 규모의 경제를 실현하는 것만이 답이라는 결론에 도달했다. 그러나 이 결정은 쉽지 않았다. 이미 적자를 기록하며 운영하던 상황에서 더 큰 규모의 공장으로 이전하는 것은 자금적으로도 큰 부담이었다. 하지만 장기적인 관점에서 살아남기 위해서는 지금 당장의 위험을 감수해야 한다고 판단했다.

힘든 상황이었지만 나는 공장을 이전하기로 결정했다. 이사를 결정한 날, 나는 공장을 둘러보며 스스로를 설득했다.

"더 큰 공장에서 더 많이 생산하면 단가를 낮출 수 있다. 단가는 낮아지고 마진은 올라가며, 결국 이 선택이 옳았음을 증명할 것이다."

하지만 그 과정이 쉽지 않을 것을 알기에 마음 한편은 두려웠다. 공장을 이전하면서 추가 투자금이 필요했지만, 그것을 감당할 수 있을지조차 확신이 없었다.

2008년 7월 31일, 새롭게 선택한 장소는 남양주 진접읍 팔야리였다. 이곳은 건평이 180평이었다. 60평 공간이 3개나 있어서 이전보다 더 넓었지만 서류상으로만 공장이지 실제는 창고로 사용되는 공간이었다. 공장 이전 후, 다양한 기계를 구비하고 본격적으로 제조를 시작했다.

새로운 공장에서 대량 생산을 시작했다. 말이 좋아 대량 생산이지, 실제로는 일반적으로 생각하는 자동화 등을 통한 대량 생산이 아니라 수

작업으로 공정을 진행하는 것이었다. 단지 작업자의 수가 조금 더 늘어나서 절대 생산량이 증가한 것이 개선된 점이라고 할 수 있었다. 그렇게 나는 원가를 줄이는 데 온 힘을 기울였다. 원자재 구매 또한 대량으로 진행하여 단가를 낮추는 방향도 계속 추진했다.

수작업으로만은 한계가 있다고 생각하여 가래떡을 뽑는 기계를 중고로 구매하여 제품을 만들어 보기도 했다. 그러나 두 번째 공장에서도 상황은 좋아지지 않았다. 3년간 운영해 본 결과, 계속해서 적자만 누적되었다. 월 평균 적자는 1억에서 2억 원에 달했다. 부모형제들에게 돈을 빌리는 것은 당연하고, 사채, 카드론 등 동원할 수 있는 모든 현금을 동원했지만 손해는 계속 불어나기만 했다.

그래서 나는 공장을 매각하기로 결심했다. ○ 회사에 공장을 2억 원에 매각할 계획을 세웠다. 2억 원에 매각을 하게 된다고 하더라도, 매각 과정에서 나는 10억이 넘는 빚을 떠안게 되는 상황이었다. 하지만 신용불량자로 전락하게 되는 한이 있더라도 매각하고 끝내자고 마음먹고 매각을 추진했다. 매각 과정에서 계약금을 5,000만 원 받고, 후에 추가로 1억 5,000만 원을 지급받는 일정이었다. 이와 함께 건조실 설치를 위한 설비 투자를 전제로 추가 금액도 받기로 했다.

당시, ○ 회사는 유통전문회사로 제조업체와의 협업을 원했기 때문에 나는 매각 후에도 공장의 운영을 맡기로 했다. 결국, 계약을 진행하고 그 후 3개월 동안 손익계산서를 준비하여 ○ 회사의 대표에게 전달했다. 6개월 후에 잔금을 받기로 했으나, 대표는 사업의 경제성에 대한 확신이 없었는지 중도에 매입을 포기했다. ○ 회사 측은 이미 지급한 계약금 5,000만 원과 새로 설치된 건조실에 들어간 약 5,000만 원을 그대로 두고 공장 매입을 취소한 것이다.

매각이 무산된 데다 엎친 데 덮친 격으로 나는 폐암 진단을 받게 되었다. 창업 초기 극심한 스트레스와 줄담배로 몸을 상하게 한 것이 큰 원인이 되었을 것이다. 그러나 오히려 폐암에 걸린 것이 힘든 상황을 극복할 수 있는 또 다른 돌파구가 되어 주었다. 폐암 치료를 위해 수술을 하게 되었는데, 이 수술로 인해 거액의 보험금을 타게 된 것이다. 말 그대로 전화위복이 된 것이다. 나는 보험금 1억 3,500만 원 전액을 공장에 다시 투자했다. 숨을 쉴 수 있을 정도로 상황은 조금 개선되었다.

그때를 떠올리면, 삶이란 참으로 아이러니하다는 생각이 든다. 폐암 진단을 받았을 때, 그것은 나와 가족에게 하늘이 무너지는 소식이었다. 신촌 세브란스 병원에서 검사하고 진단받는 과정은 마치 영화 속 한 장면 같았다. 모든 것이 현실처럼 느껴지지 않았고, 암이라는 단어가 내 머릿속에서 메아리쳤다. 암 선고를 받던 그 순간에는 그 병이 결국 나와 가족 그리고 사업을 살리게 될 줄은 꿈에도 몰랐다.

진단 이후 나는 바로 수술 날짜를 잡았고, 폐암 수술을 받게 되었다. 그 과정은 고통스러웠다. 수술실에 들어가기 전 가족들의 얼굴이 머릿속을 떠나지 않았다. '내가 떠난다면, 가족은 어떻게 될까? 사업은 또 어떻게 될까?' 이런 복잡한 생각 속에서도, 나는 스스로를 다독였다.

"이겨 내야 한다. 아직 끝이 아니다."

수술은 성공적으로 마무리되었지만, 우측 폐의 많은 부분을 절제했기 때문에 걷는 것조차도 힘들 정도로 숨이 가빴고 몸은 약해졌다. 앞으로 재활과 관리가 필요하다는 사실을 알았다.

7. 보험 보상금으로 새로운 도약에 투자하다

 수술 후 보험금으로 받은 1억 3,500만 원은 당시 내게 구원의 밧줄과도 같았다. 사업은 여전히 어려운 상황이었고, 임차료, 원부자제 결제, 직원들 급여, 세금 등 지출해야 할 돈이 한두 푼이 아니었다. 나는 조금의 망설임도 없이 그 보험금을 공장에 투자했다. 아내와 한마디의 상의도 없이 내린 결정이었다. 하지만 상의했다고 하더라도 다른 선택지가 없었다. 그 돈은 내게 새로운 희망과 가능성을 주었고, 나는 그것을 붙잡지 않을 이유가 없었다.

 만약 그 돈이 없었다면 사업은 끝났을 것이다. 회사는 망했을 것이고, 나는 빚더미에 앉아 신용불량자가 되었을 것이다. 아마 가족들과 함께 무너져 내렸을지도 모른다. 그런데 그 돈은 어디에서 왔는가? 내 몸에서 자라난 폐암, 나를 고통스럽게 했던 병이 결국 이 돈을 만들어 주었다. 그 당시 건강을 돌보지 못하고, 흡연을 끊지 못한 과거의 나 자신이 미워질 때도 있었지만, 그 모든 선택이 지금의 나를 여기까지 이끌었다는 사실을 부정할 수는 없었다.

 앞서 잠시 언급했지만 DKSH에서 전국을 누비며 영업을 하느라 잠을 줄이고 담배를 피우던 내 행동이 폐암의 단초를 제공했을 가능성이 높았다. 창업 후의 극심한 스트레스 역시 병을 키웠을 것이다. 그렇게 살지 않았다면, 아마 암을 얻게 된 내가 있지 않았을 것이다. 당시에는 최선을 다하고 있다고 생각했지만, 결국 건강을 잃게 되면서야 내가 간과했던 것들이 무엇인지 깨달았다.

폐암 진단과 수술 그리고 그로 인해 얻게 된 보험금은 단순히 나를 구한 돈이 아니었다. 그것은 나에게 삶의 본질과 우선순위를 다시금 생각하게 만드는 계기가 되었다. 사업의 성공과 가족의 안정을 위해서는 무엇보다 내 자신이 건강해야 한다는 사실을 절실히 깨달았다.

오늘도 나는 그 시절을 떠올리며 복잡한 감정에 사로잡힌다. 아픔 속에서 얻은 교훈 그리고 그로 인해 살아남아 계속해서 나아갈 수 있다는 현실. 삶은 때로는 고통스러운 방법으로 가르침을 주지만, 그것이 나를 더 강하게 만든다는 점은 부정할 수 없다.

이런 우여곡절을 겪으며 공장 최초 설립 이후 3년이 되는 2011년 여름, 새로운 도전을 위해 포천으로 이사하기로 결심했다. 새로 이전한 공장은 155평, 120평(1층 60평, 2층 60평), 50평 등 총 325평 규모로 사무실도 있었다. 당시 자금이 부족하여 보증금을 5,000만 원에서 1,000만 원으로 낮추고, 월 임차료를 570만 원으로 설정했다. 이 결정은 많은 고민 끝에 내린 선택이었다. 새로운 시작을 위한 이사가 복잡한 계산과 결정을 필요로 했던 것이다. 어렵게 내린 결정이었지만 공장 이전 이후부터 조금씩 변화가 나타나기 시작했다. 이전에는 한 달 매출이 4,000만 원도 되지 않았는데, 새로운 공장에서는 매출이 눈에 띄게 올라가는 것이었다. 이렇게 공장이 확장되면서, 사업은 점점 더 안정되었고, 매출도 더 증가하기 시작했다.

이 시점에 와서야 나는 이제 사업이 궤도에 오르고 있다는 자신감을 얻었다. 매출은 계속 상승했고, 공장은 더 큰 규모로 성장했다. 과거의 어려움을 극복하고 성공적인 사업 운영을 위한 발판을 마련하게 되었다. 창업 후 약 6년 만의 일이다.

공장 이전 후, 회사의 매출은 꾸준히 증가했다. 하지만 모든 게 해결된 것은 아니었다. 좀처럼 이익은 나지 않아 어려움이 계속됐다. 하지만 신용이 쌓이면서 대출의 기회가 찾아왔다. 농협에서 5억 원을 대출받을 수 있는 기회를 얻었고, 이 자금을 별도로 관리하기 위해 통장을 만들었다. 과거의 부족한 자금 경험이 나에게 신중한 자금 관리의 중요성을 가르쳐 주었고, 이 자금은 향후 큰 도움이 되었다.

월세로 매월 수백만 원을 날린다고 생각하니, 자사 공장을 만들어야겠다는 생각이 들어서, 부동산 경매에 대하여 혼자 독학을 하기 시작했다. 그리고 2014년 7월, 무려 10:1의 경쟁을 뚫고, 대지 565평 공장을 8억 6,000만 원에 낙찰을 받았다. 낙찰 후 사채 등을 동원해 힘들게 돈을 빌리고 은행에서 담보대출까지 받아서 잔금을 치렀다. 당시 세입자가 한 사람 있기는 했지만 나에게 매우 우호적이어서 '명도에는 문제가 없겠구나.'라고 생각했었다. 그러나 잔금을 치르고 등기이전을 하자마자 본인은 나갈 수 없으니 1억을 달라고 요구하는 것이었다. 설상가상으로 A 건설회사의 유치권도 약 1억 4,000만 원으로 설정되어 있었다. 낙찰은 받았지만 명도의 문제 그리고 유치권 해결의 문제 등으로 이사를 당장 할 수 없는 실정이었다.

이런 상황에서 이전을 검토하는데, 예상치 못한 일이 발생했다. 현재 임차 공장인 포천의 공장을 이사하는 비용이 너무 높아서 차라리 공장을 하나 더 만드는 것이 나은 상황이 된 것이다. 새로운 공장을 설계하고 운영하기 위해서는 적지 않은 비용이 필요했다. 하지만 공장 이사는 그보다 더 많은 비용이 들었고, 이사가 아니라 아예 새 기계를 설치하는 것이 더 효율적이라는 판단을 내렸다. 따라서 당분간 공장 이사는 접어두고, 낙찰받은 공장에 추가 생산 라인을 놓기로 했다. 2011년에 들어간 포천 마명리 공장 그리고 2014년 3월에 매입한 진목리의 사료 공장에다 새로 낙찰받은 남양주의 공장까지 총 3곳을 운영하게 되었다. 이는 사업의 중요한 전환점이 되었다. 공장 운영의 복잡한 과정 속에서 나는 많은 것을 배우게 되었고, 사업의 성장과 변화를 경험했다.

그즈음 나는 당시 회사가 외부감사의 대상이 아님에도 불구하고 외부감사를 신청하였다. 회사의 공신력을 위해서는 반드시 외부감사가 필요하다고 생각했기 때문이다. 상장기업도 아니고 자산이나 매출이 500억 원 이상인 비상장기업도 아니었는데 일부러 외부감사를 받았다. 이렇게 대외적으로 투명성을 획득하는 것은 사업체를 운영할 때뿐만 아니라 가치를 높여 Exit 할 때도 매우 중요한 강점이 되었다. 이와 관련된 내용은 책의 후반부에서 다시 설명하도록 하겠다.

3개의 공장을 본격적으로 가동하기 시작한 2015년 말부터 시간이 더 흘러 2017년 8월의 일이다. 남양주 시청에서 연락이 왔다. 남양주에 새로운 산업단지가 조성된다는 소식이었다. 나는 이 기회를 놓칠 수 없다고 생각했다. 남양주의 산업단지에서 미분양 땅이 있다는 소식을 듣고, 흥미를 느끼기 시작했다. 이 미분양 땅은 2,700평이며 54억 원에 매각될 예정이라고 했다. 내게는 상상도 할 수 없는 금액이었지만, 나는 용기를 내어 계약금을 준비하고 계약을 체결했다. 5억 4,000만 원의 계약금을 마련하기 위해 전에 농협에서 대출받았던 돈 등 회사 자금의 대부분을 모았다. 회사가 다시 한번 도약할 수 있는 중요한 계기가 될 것이라는 생각에 일견 무모해 보일 수도 있는 과감한 결정을 내렸던 것이다.

남양주 산업단지는 일단 계약을 했지만, 이후 6개월마다 매매 잔금과 이자를 납부해야 했던 상황이었다. 그러나 자금 부족으로 인해 1년 동안 잔금과 이자를 납부하지 못했다. 이로 인해 패널티가 발생했고, 나는 긴급하게 추가 자금을 마련해야 했다. 자금 확보를 위해 동분서주한 끝에, 2019년 9월 벤처 캐피털로부터 55억을 투자받게 되었고, 이 자금을 통해 잔금을 일부 치르고 산업단지 내에 2019년 6월부터 이미 건설을 시작한 새로운 공장을 완공할 수 있었다. 신공장은 2020년 7월 완공이 되었다. 실로 대장정이었다. 대지 2,700평에 건평 4,000평 3층 공장이었다. 비록 200억 이상의 빚을 지고 있었지만 너무 뿌듯하고, 좋아서 잠이 오지 않을 정도였다. 정말 무수한 어려움이 있었지만, 새로운 공장을 완공하는 것은 나에게 큰 의미가 있었다.

2020년 6월에는 2014년 7월 이후 계속 가동했던 남양주시 진접읍 진벌리에 위치한 기존 공장을 정리하고 새로운 공장으로 이사를 하였다. 이제 본격적으로 IPO를 위하여 시동을 걸어야 했다. 먼저 연구소를 보강하였다. 물론, 신공장의 설계 단계에서부터 연구소는 큼직하고, 최고의 환경을 유지하기 위한 준비를 하고 있었다. 그리고 사장 집무실은 연구소의 바로 옆에 위치하도록 했다. 대표이사인 내가 직접 연구개발 관련 업무를 챙기기 위함이었다. 이 연구소를 통해 정부 과제에 응모하여 신제품을 개발하고 수많은 연구, 실험들을 거쳐 시행착오 끝에 자체 기술도 확보할 수 있었다.

공장 이전과 연구개발 업무가 쉬지 않고 이어져 그즈음 나의 몸과 마음은 피폐해지고 있었다. 당시 나의 머릿속에는 '어떻게 하면 회사를 성장시킬 수 있을까?' 하는 생각밖에 없었다. 새벽 4시 30분에 일어나 아

내가 차려 준 아침을 먹고 회사에 도착하면 항시 6시 이전이었다. 하루 일과가 6시부터 시작되는 셈이다. 물론 이미 창업 초기부터 4시 30분 이전에 일어나서 조간신문을 읽고, 간단히 식사 후에 출근하는 루틴을 유지하고 있었다. 나의 하루 일과를 간단히 점검하고, 약 1시간 30분 정도 책이나 논문 등을 읽고 나면 9시부터 본격적인 회사의 대표이사로서의 업무를 시작하는 것이 기본적으로 반복되는 사이클이었다.

그렇게 매일 아침 반복되는 일정을 실행하던 중에 회사의 성장과 관련된 자료를 읽다가 우연히 M&A의 정보를 접하게 되었다. 회사를 성장시켜 Exit 하는 방법은 반드시 IPO만이 답이 아니라는 것도 깨닫게 되었다. 그래서 나는 M&A를 통해 회사를 성장시켜 자연스럽게 Exit 하는 방법을 고민하게 된다. 이 당시 나는 지친 심신을 이끌고 대표이사로서의 직무를 수행해 나가면서 스스로가 이 회사를 성장시킬 수 있는 한계치에 다다른 것이 아닐까 생각했다. 앞으로도 반려동물 사료 시장은 매우 유망한 분야이기 때문에 단순히 국내 시장만이 아닌, 해외 시장까지도 진출할 수 있는 회사로 성장해야 했다. 하지만 더욱 글로벌한 회사로 성장하기 위해서는 더 많은 자금이 투자가 되어야 하고, 나보다 훨씬 유능한 대표이사가 내 자리로 와야 한다는 생각도 동시에 하게 되었다.

2007년 작은 창고에 처음 공장을 세우고 2020년에 산업단지 내에 대규모 공장 및 연구소를 건립하기까지 이 모든 여정 속에서 나는 무수한 어려움과 도전에 직면했다. 하지만 그 과정에서 얻은 교훈과 경험은 나의 인생에 큰 자산이 되었다. 나는 이 모든 것을 잊지 않고, 앞으로의 삶에 소중히 간직할 것이다. 나는 이 과정에서 어려움을 극복하고 목표를 달성하며 얻은 것들을 계속해서 독자들과 공유하고자 한다.

8. 대표가 생산부터 영업까지
   적극적으로 개입해야 하는 이유

사업을 하는 동안 항상 유통과 판매에는 자신이 있었다. 이는 내가 오래전부터 경험해 온 일이었기 때문이었다. 비록 처음에는 자체 브랜드를 크게 내세우지 않았지만, 나는 늘 무언가를 팔고, 마케팅하는 데에 자신감이 있었다. 이전에도 직접 판매를 맡아 보았고, 마케팅 역시 내 손으로 했다. 나는 누구에게도 맡기지 않고 직접 일을 처리하는 스타일이었다. 동물병원이나 펫 숍 같은 유통 채널에 대한 시스템도 잘 알고 있었기에, 제품만 만들 수 있다면 판매는 문제없다고 생각했다.

그러나 문제는 제품을 만드는 것이었다. 내가 가진 기술로 제품을 개발하는 것은 어렵지 않았지만, 브랜드를 만드는 시간이 부족했다. 자연스럽게 우리는 OEM(Original Equipment Manufacturer, 주문자 위탁생산: 주문자가 제조업체에 상품 제조를 위탁하여 주문자의 브랜드로 판매하는 방식)과 ODM(Original Design Manufacturer: 제조업체가 제품의 설계와 개발을 모두 담당) 방식으로 사업을 운영할 수밖에 없었다. 나에게 있어 OEM보다는 ODM이 더 익숙했다. 나는 기술을 가지고 있었고, 고객들은 제품 아이디어를 가지고 나에게 찾아왔다.

잠재 고객들이 우리 회사를 방문하면 반드시 내가 가장 먼저 미팅을 했다. 왜냐면, 내가 사업을 가장 잘 안다고 생각했기 때문이다. 고객들이 다른 회사들과 비교하여 우리 회사가 인상적인 점으로 꼭 언급하는

3가지가 있었다.

첫째, "이렇게 규모가 있는 회사가 대표님이 직접 면담을 하세요?"라고 한다. 물론 창업 초기부터 외부의 잠재 고객이 회사를 방문하면, 내가 가장 먼저 면담(비즈니스 미팅)을 했었다. 그래서 이것은 내게 당연한 일이었는데 고객들에겐 조금 생경한 일이었을 수도 있다. 하지만 나는 대표가 고객을 직접 대응하고 영업 및 마케팅을 할 수 있는 능력을 갖춰야 한다고 생각했기 때문에 항상 이러한 자세를 유지하고자 했다.

둘째, "대표님이 정말 많이 알고 계시네요."라고 한다. 고객들이 가져오는 아이디어는 사실 단순한 경우가 많았다. 예를 들면 "피부에 좋은 사료를 만들어 주세요."라는 것과 같은 요청이었다. 나는 그런 요청을 받으면 아이디어를 더욱 구체화하여 시장 분석, 경쟁사 조사, 원료 선택, 나아가 포장 디자인까지 일괄적으로 어떻게 해 나가야 할지 결정하고 처리했다. 그러면 고객들은 놀라면서 "R&D, 개발, 생산, 마케팅 등 관련 부서에 처음부터 넘기지 않고, 대표님이 직접 면담을 하셔서 너무 좋습니다."라는 말을 하고는 했다.

마지막으로 자주 들었던 말은 "대표님이 정말 박사 학위가 두 개나 되세요?"이다. 대표가 이미 전문가로서의 역량을 가지고 있다고 하면 그 회사에 대한 신뢰도가 당연히 높아질 수밖에 없는 것이다. 물론 이 면담 과정에서의 모든 일들이 기분이 좋아서 했던 것도 있다. 하지만 대표가 직접적으로 고객을 응대하고 커뮤니케이션 했던 것들이 중요한 동력이 되어서 회사를 성장시켰을 것이라고 확신하기도 한다.

내가 회사에 있을 때는 일주일에 6~7팀 정도의 새로운 고객이 회사에 방문했다. 위에서 설명한 것처럼 내가 직접 그들과 면담을 진행한 후, 그 내용을 영업이나 마케팅 담당자 또는 연구소에 전달했다. 영업이 항상 이런 방식으로 진행되었기 때문에, 굳이 우리 회사의 브랜드를 전면에 내세울 필요가 없었다.

많은 전문가들이 회사의 대표는 실무보다는 지원과 관리를 통해 조직을 운영해야 한다고 한다. 물론 이 말에는 타당성이 있다. 특히 규모가 큰 조직에서는 대표가 세부적인 분야의 실무를 처리하기보다는 전체를 조망하고 전략적인 결정을 내리는 데 초점을 맞춰야 조직이 효율적으로 돌아간다는 것을 나도 잘 알고 있다. 하지만, 중소기업을 운영하는 입장에서 나는 이 접근이 현실과는 다소 괴리가 있다고 느꼈다.

중소기업은 중견기업 또는 대기업과는 전혀 다른 구조와 문화를 가진다. 조직의 크기가 작고 자원이 한정된 상황에서, 대표가 모든 것을 위임하고 관리에만 집중한다는 것은 오히려 역효과를 낼 수 있다. 중소기업은 한 사람의 기여도가 사업의 성패에 직접적으로 영향을 미친다. 특히 창업 초기 단계에서는 대표가 모든 사정을 잘 알고, 실무에도 깊이 관여해야 직원들과의 협력과 문제 해결이 가능하다고 생각한다.

나 역시 회사 운영 초기부터 Exit 할 때까지, 직원들에게 업무를 위임하면서도 그 과정을 세세히 이해하려 노력했다. 그 이유는 단순했다. 내가 회사의 전반적인 사정을 속속들이 알지 못한다면, 문제가 발생했을 때 해결책을 제시하기 어렵기 때문이었다. 직원들의 어려움을 이해하고, 필요할 때는 직접 해결 방법을 찾는 것이 대표로서의 나의 역할이라고 생각했다.

중소기업에서 대표가 실무를 이해하고 참여하는 것은 여러 가지 장점을 가져다준다. 우선, 직원들이 업무를 수행하며 겪는 어려움을 보다 쉽게 공감할 수 있다. 이는 조직 내 소통과 신뢰를 구축하는 데 큰 도움이 된다. 또한, 업무 흐름을 정확히 파악하면 효율성을 높이고 불필요한 낭비를 줄이는 데 기여할 수 있다.

한번은 생산 공정에서 반복적으로 문제가 발생했던 적이 있었다. 당시 나는 직접 현장에 나가 문제의 원인을 분석하고, 새로운 공정 개선안을 제안했다. 이 과정에서 직원들과 협력하며 문제를 해결했고, 이는 이후 회사의 생산성 향상으로 이어졌다. 이러한 경험은 내가 실무를 이해하고 참여하지 않았다면 가능하지 않았을 것이다.

중소기업에서 대표가 영업에 관여하는 것은 여러 가지 장점을 가지고 있다. 회사의 대표가 영업에 깊이 관여하는 것은 단순히 매출을 증대시키는 역할을 넘어, 사업 운영의 안정성과 지속 가능성을 확보하는 데 매우 중요한 역할을 한다. 특히 중소기업에서는 대표가 직접 고객과 거래처를 관리하며 시장의 상황과 흐름을 이해하는 것이 장기적인 성과와 위기관리를 위한 강력한 수단이 된다. 대표가 영업에 깊이 관여하면, 거래처와의 관계를 직접 경험하면서 감각적으로 그들의 신용 상태나 재정 상황을 파악할 수 있다.

한번은 내가 주요 거래처의 담당자와 직접 소통하는데 평소와는 달리, 결제가 지연되고 소통이 잘 이루어지지 않은 적이 있었다. 그 작은 이상 신호로 인해 해당 거래처가 재정적인 어려움에 직면하고 있었다는 걸 알게 되었다. 만약 내가 영업 현장에서 그들의 상황을 직접 확인하지 않았다면, 우리 회사는 그 회사의 부도로 인하여 매우 큰 피해를 입었을지도 모른다.

대표로서 거래처와의 관계를 면밀히 관찰하면, 단순히 부도를 예방하는 것뿐만 아니라 고객의 요구와 불만을 더 빨리 이해하고, 이를 해결하기 위한 조치를 취할 수 있다. 거래처의 신뢰를 얻는 것은 결국 영업 안정성과 직결되며, 이는 회사의 전체적인 재정 건전성을 보장하는 데 도움을 준다.

고객은 회사의 대표가 직접 나서는 것만으로도 큰 신뢰를 느낀다. 대표의 참여는 그 회사가 거래처를 얼마나 중요하게 생각하는지를 보여주는 강력한 신호다. 내가 직접 영업 현장을 방문하고, 거래처와의 협상에 참여했을 때, 그들은 나를 단순한 회사의 얼굴이 아니라 문제를 해결하는 파트너로 여기게 되었다. 이는 단순한 계약 관계를 넘어, 서로의 성공을 돕는 동반자로서의 유대를 형성했다.

대표가 영업에 깊이 관여하면, 단순히 거래처의 상황만이 아니라 시장의 전반적인 변화를 빠르게 감지할 수 있다. 고객의 요구가 변하고, 경쟁사의 움직임이 달라지며, 산업 전반의 트렌드가 변할 때, 우리는 영업 현장에서 그 변화를 직접 체감할 수 있다. 이는 회사의 제품 개발 방향을 수정하거나, 새로운 전략을 세우는 데 중요한 정보를 제공한다.

대표가 영업에 깊이 관여하는 것은 단순히 실무에 개입하는 것을 넘어, 회사의 안정성과 신뢰를 구축하고, 시장 변화에 민첩하게 대응하는 전략적인 선택이다. 거래처의 부도와 같은 위험을 미리 알아차리고, 이를 예방하기 위한 조치를 취할 수 있는 능력은 회사의 생존과 성장을 위해 필수적이다. 나는 이러한 참여가 단순히 유리한 점을 넘어, 회사의 지속 가능한 성공을 위한 핵심 요소라고 믿는다.

물론, 회사가 중견기업 이상의 규모로 성장하면 상황은 달라질 수 있다. 이 시점에서는 대표가 실무에서 손을 떼고, 조직을 체계적으로 관리하고 전략적으로 운영하는 것이 더 효과적일 것이다. 하지만 중소기업이 중견기업으로 성장하기 전까지는, 대표가 회사의 구석구석을 이해하고 직접 개입하는 것이 오히려 조직을 더 유기적으로 움직이게 만드는 원동력이 된다.

나는 직원들에게 "대표는 단순히 지시하는 사람이 아니라, 함께 뛰는 사람"이라는 메시지를 전달하고 싶었다. 물론 내가 모든 일을 다 할 수는 없겠지만 회사의 모든 것을 이해하려 하고, 지원만 하는 것이 아니라 필요할 때에는 대표가 직접 해결에도 나서는 모습을 보이면 직원들에게도 일의 동기를 부여한다고 본다.

경영 전문가들의 조언이 대기업에는 적합할지 몰라도, 우리와 같은 중소기업에서는 현실적으로 맞지 않을 때가 많다. 나는 우리 회사가 중견기업으로 도약하기 전까지는, 대표로서 직접 참여하고 직원들과 소통하며 문제를 해결하는 역할을 이어 가야 한다고 믿는다. 그것이 현재 우리 조직에 가장 효율적이고 필요한 방식이라고 확신한다.

회사 매각을 2년 앞두고, 나는 우리 브랜드를 만들어야겠다는 생각을 하게 되었다. 이에 서울에 자회사를 설립했다. 자회사를 만든 이유는 간단했다. 같은 회사 내에서 같은 고객을 대상으로 기존 제품 및 새로운 브랜드의 제품을 경쟁시키기보다는, 자회사를 통해 다른 방식으로 새로운 브랜드를 전개하는 것이 기존 우리 회사의 고객에 대한 예의라고 생각했기 때문이다.

그렇게 자회사를 통해 새로운 브랜드를 만들었지만, 서울에 있는 자회사는 결국 운영이 어려워 1년 만에 정리하게 되었다. 내가 직접 관리하지 않았기 때문에, 직원들만으로는 운영이 어려웠던 것이다. 대표가 고객을 직접 응대하고 의사결정을 빠르게 내리며 신뢰를 얻는 것으로 구축된 회사의 이미지가 견고하다 보니, 대표가 없는 상황에서 브랜드만으로 승부를 하려던 시도가 쉽지 않았던 것으로 생각된다.

공장의 운영과 이전 그리고 영업과 브랜딩 등 나는 생산과 유통에 대한 일련의 과정을 거치며 많은 것을 배웠다. 그리고 그 과정에서 많은 도전과 실패를 겪었지만, 결국에는 나만의 방식을 정립하고 성공을 향해 나아갈 수 있었다.

9. 제품 자체에 대한 고민:
가족이 된 반려동물을 어떻게 더 잘 돌볼까?

어느 날 저녁, 나는 책상 앞에 앉아 지난 세월을 돌아보고 있었다. 눈앞에는 마치 하나의 여정처럼 얽히고설킨 메모들과 문서들이 쌓여 있었다. 그중에는 성공과 실패의 흔적이 고스란히 담긴, 나의 사업 기록들이 있었다.

내가 반려동물을 위한 맞춤형 사료를 처음 생각하게 된 것은 꽤 오래되었다. 아마도 2000년대 초반, DKSH Korea 근무 당시였던 것으로 기억한다. 그것은 단순한 사업 아이디어가 아니라, 사명이자 꿈처럼 다가왔다. '반려동물도 사람과 마찬가지로 저마다 다른 특성과 필요가 있는데, 왜 똑같은 사료를 먹어야 할까?' 이 질문이 머릿속을 떠나지 않았던 것이다.

사실 나는 영양학에 대해 잘 알지 못했다. DKSH에서 배운 것들도 모두 마케팅을 위한 것뿐이었고, 제품을 직접 개발하는 데는 별로 도움이 되지 않았다. 그래서 창업을 하면서 나는 스스로 공부하기 시작했다. 국내에는 자료가 부족해 해외로까지 눈을 돌렸다. 처음엔 외국에서 제품을 수입하는 척하면서 공장을 둘러보고, 논문을 뒤적이며 지식을 쌓아 갔다.

중국에서도 많은 시간을 보냈다. 그곳에서 미국이나 유럽에서 잘 팔리는 제품을 그대로 베껴서 만드는 광경을 목격하곤 했다. 나는 그들의 기술을 익히고, 이를 바탕으로 나만의 R&D를 보강해 나갔다. 이 과정을 통해 나는 연구소를 설립하게 되었고, 어느덧 연구원 수는 13명에 달했다. 나 또한 실무를 직접 하는 연구원이 되었다.

제품 개발이 본격화되면서, 나는 국가 과제를 통해 여러 대학과 협력하기도 했다. 특히 건국대학교와의 협력을 통해 새로운 제품을 개발해 나갔다. 그렇게 연구와 개발에 몰두하면서 또 하나의 박사 학위를 획득하기도 했다. 그동안 축적한 지식과 경험은 내가 그토록 원하던 맞춤형 사료를 만드는 데 필수적인 요소들이었다.

그렇지만 맞춤형 사료를 개발하는 과정은 생각보다 훨씬 더 복잡했다. 개별 반려동물의 특성에 맞는 영양소를 확인하여 정확히 원료를 배합하는 것은 물론이고, 이를 대량 생산 할 수 있는 방법을 찾아야 했다. 특히, 가격 문제는 해결하기 어려운 큰 과제였다. 고품질의 맞춤형 사료를 만들기 위해서는 비용이 많이 들 수밖에 없었기 때문이다.

결국 맞춤형 사료에 대한 꿈은 이루지 못한 채, 나는 회사를 떠나게 되었다. 사업 계획과 R&D 자산들만 남겨 둔 채 말이다. 지금도 다른 회사들이 맞춤형 사료라고 출시하는 제품들을 보면 아쉬움이 남는다. 진정한 맞춤형 사료라기보다는 단순히 포장된 제품에 불과한 경우가 많기 때문이다.

사실, 우리나라에서 사료를 수출하는 것은 쉽지 않은 일이다. 우리나라는 사료 원료를 수입하는 나라이다. 사료의 품질을 결정짓는 주요 요소는 원료와 가공 방법인데, 가공 방법은 대부분 세계적으로 상향평준화된 상태였다. 그러나 양질의 원료를 구하는 것은 여전히 어려운 일이다. 미국, 유럽 등의 광우병 문제와 방역 문제로 인해 동물성 사료 원료의 수입이 제한되면서, 우리나라는 양질의 사료를 만들 수 있는 환경이 조성되지 않았다.

 이러한 한계에도 불구하고, 나는 여전히 꿈을 꾸고 있다. 언젠가는 진정한 맞춤형 사료를 만들어 내겠다는 꿈 말이다. 내가 그토록 오랜 시간 동안 연구해 온 이 분야에서, 언젠가는 반려동물의 건강을 최우선으로 생각하는 진정한 제품을 세상에 선보일 수 있을 거라고 믿었고, 여전히 믿고 있다.

 그렇게 나는 오늘도 새로운 아이디어를 떠올리며, 연구소에서, 그리고 사장실에서 보내던 밤들을 떠올렸다. 그때 느꼈던 열정과 도전 정신이 여전히 내 안에 살아 숨 쉬고 있었다. 맞춤형 사료의 꿈은 아직 끝나지 않았다. 언젠가는 반드시 그 꿈을 이뤄 낼 것이다. 그리고 이 모든 이야기의 끝에는, 내가 꿈꾸던 세상이 펼쳐질 것이다.

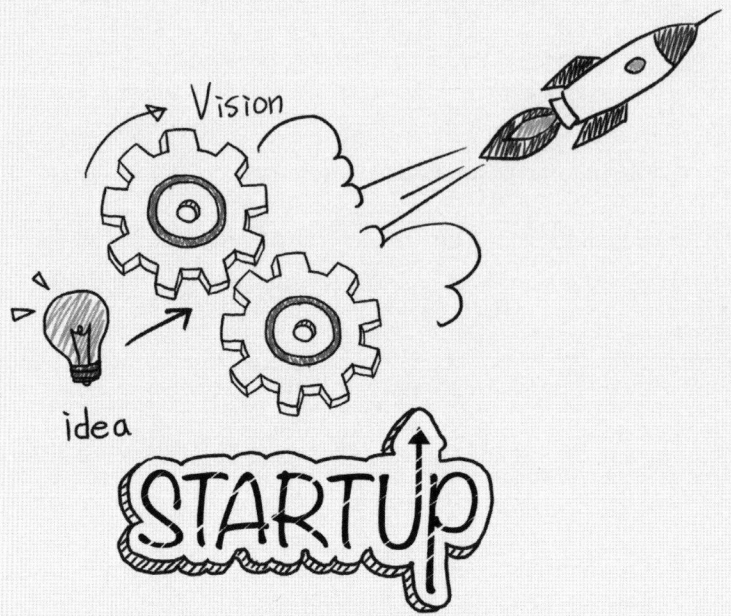

2부

Always Try: 멈추지 않는 도전과 노력
(24시간, 365일 깨어 있어라!)

2019년 7월의 어느 오후, 나는 사무실 책상에 앉아 깊은 생각에 잠겨 있었다. 그동안의 연구와 개발 과정 그리고 우리나라의 반려동물 사료 산업에 대한 나의 노력들을 되새기면서, 나는 이 길이 어떻게 나를 이끌었는지 돌아보고 있었다.

내가 창업을 했던 당시에는 우리나라의 반려동물 사료 산업은 아직 초기 단계에 있었기 때문에 그 시작이 결코 쉽지 않았다. 미국이나 유럽에서는 오래전부터 사료의 품질 향상과 다양한 연구가 이루어져 왔지만, 우리나라에서는 이 분야가 미비한 상태였다. 반려동물 사료에 대한 연구와 개발은 주로 동물의 건강과 영양에 관한 과학적 접근이 필요했지만, 그에 대한 관심은 미미했다. 이런 상황에서 나는 이 분야에서 새로운 길을 열어야겠다는 결심을 하게 되었다.

내가 처음 이 분야에 뛰어든 이유는 단순히 사료 산업이 더 많은 연구와 혁신을 필요로 한다는 생각 때문만은 아니었다. 당시의 나는 반려동물 사료의 품질을 높이고, 이와 관련된 연구를 통해 우리 회사가 경쟁력을 갖추는 데 기여할 수 있겠다는 확신을 가졌다. 우리나라에서는 이 분야에 대한 연구가 부족하다는 점을 기회로 삼아, 우리가 이 분야에서 선도적인 위치를 차지할 수 있을 것이라고 믿었다.

사료 산업의 가장 큰 장애물 중 하나는 질 높은 원료의 부족이었다. 반려동물 사료를 제조하는 데 있어서 원료는 가장 중요한 요소였지만, 우리나라는 고품질의 동물성 단백질과 지방을 충분히 공급받기 어려운 상황이다. 특히, 광우병 문제로 인해 우리나라는 다른 나라로부터 동물성 원료의 수입이 제한되어 있고, 이는 사료 산업에 큰 어려움이 되고 있다. 이러한 문제를 해결하지 않고서는 사료의 품질을 높이기 힘들다는 것을 나는 절실히 느꼈다.

그러나 이러한 난관을 단순히 어려운 문제로만 받아들이지 않았다. 오히려 이 문제를 해결할 방법을 찾아야 한다는 도전의식이 더 강해졌다. 나는 다양한 대체 원료를 연구하기 시작했고, 이를 가공하여 사료에 적용할 수 있는 방법을 모색했다. 이 과정에서 유기화학의 중요성을 깨닫게 되었다. 사료의 성분을 분석하고, 새로운 원료를 실험하기 위해서는 깊이 있는 유기화학 지식이 필요했다. 그래서 나는 공학 박사 과정에 진학하기로 결심했다.

대학원에서 유기화학을 본격적으로 공부하며, 사료의 성분을 분석하고 최적화하는 데 필요한 기술을 익혔다. 사료 개발을 위한 연구는 매우 복잡하고도 정교한 작업이었지만, 그만큼 큰 보람을 느낄 수 있었다. 박사 학위 논문을 준비하면서, 반려동물의 노령화 문제를 집중적으로 연구했다. 사람과 마찬가지로 반려동물도 나이가 들면서 필요한 영양소가 달라지기 때문에, 노령견과 노령묘를 위한 맞춤형 사료의 중요성을 인식하게 되었다.

내가 쓴 논문은 반려동물 사료, 특히 노령견 사료에 대한 연구를 다루었으며, 이를 통해 사료의 품질을 높이고, 노령 반려동물의 건강을 유지하는 데 기여할 수 있는 방법을 제시했다. 연구 결과는 사료 산업의 발전에 중요한 기여를 했고, 나는 이 분야에서의 전문성을 인정받게 되었다. 내 연구가 도움이 되어, 많은 반려동물들이 더 건강하게 지낼 수 있기를 바라는 마음으로 이 작업에 임했다.

아직 해결해야 할 문제는 많았지만, 나는 이 길을 통해 새로운 가능성을 발견하고 있었다. 사료 산업의 발전을 위해 계속해서 연구하고, 문제를 해결해 나가면서, 내가 꿈꾸던 반려동물을 위한 맞춤형 사료를 세상에 선보일 날을 기다리고 있었다.

이 모든 것이 끝날 때, 내가 꿈꾸던 세상이 어떤 모습일지 상상하며, 나는 오늘도 연구에 몰두하고 있다. 이 길을 걷는 동안, 나 자신이 얼마나 성장했는지 그리고 내 연구가 어떻게 반려동물들에게 긍정적인 변화를 가져왔는지를 떠올리며, 나의 여정을 계속해 나갈 것을 다짐한다.

1. 4P 중 가장 중요한 것은 Product: 제품 경쟁력을 높이기 위한 노력

나는 오래전부터 혁신과 발전에 대한 갈망이 있었다. 다양한 책과 연구 자료를 접하면서 새로운 것을 배우고 이를 실현시키는 과정에서 큰 보람을 느꼈다. 그러던 중, 창업을 하게 되었고, 이 여정은 내가 가진 열정을 마음껏 발휘할 수 있는 무대가 되었다.

연구와 개발의 중요성은 분명했다. 특히 품질이 좋은 반려동물 사료를 생산하기 위해서는 해외의 성공 사례를 연구하고, 그에 맞춰 국내의 연구와 개발을 강화해야 했다. 미국과 유럽에서는 오랜 역사를 바탕으로 사료의 연구와 개발이 활발히 이루어졌고, 그 결과로 품질 높은 사료들이 생산되고 있었다. 하지만 우리나라에서는 이러한 연구가 부족했고, 그로 인해 사료 품질에 대한 문제들이 종종 제기되었다. 나는 이러한 문제를 해결하고, 생산하는 사료 품질을 개선하기 위한 R&D에도 지속적으로 관심을 기울였다.

R&D는 단순한 연구에 그치지 않았다. 이는 회사의 경쟁력을 높이고, 시장에서의 위치를 강화하기 위한 전략의 일환이었다. 연구를 통해 사료의 품질을 높이고, 더 나아가 시장에서의 경쟁력을 강화하는 것이 나의 목표였다. 내가 중점을 둔 부분 중 하나는 생산 라인의 청결과 신제품 개발이었다. 생산 과정에서의 위생 관리는 제품의 일관성과 품질을 유지하는 데 필수적이었다. 이를 통해 소비자들에게 신뢰를 줄 수 있었

고, 사료의 품질을 보장할 수 있었다.

정책적인 환경도 중요한 부분이었다. 사료 산업은 단순히 제품을 만들어 내는 것이 아니라, 소비자들의 기대와 요구를 충족시키기 위해 정책적인 노력이 필요했다. 소비자들은 반려동물의 건강과 안전을 우선시하기 때문에, 사료는 사람의 식품처럼 신중하게 다루어져야 했다. 이러한 점을 강조하며, 나는 사료 산업의 품질을 높이는 데 기여하고자 했다. 소비자들의 요구를 충족시키기 위한 정책적인 노력은 사료의 영양학적 관점에서뿐만 아니라, 위생적인 관점에서도 중요했다.

내 여정은 단순히 개인적인 성취를 넘어, 사료 산업의 발전과 소비자들의 기대에 부응하기 위한 것이었다. 이 과정에서의 노력과 경험은 나에게 큰 의미가 있었고, 앞으로도 계속해서 이 분야에서 발전과 혁신을 이루어 나가고자 한다. 내게 있어 사료 개발과 연구는 단순한 직업적 임무가 아니라, 내 인생의 중요한 부분이었으며, 그 여정은 앞으로도 계속될 것이다.

2. 연구개발과 동기화된 영업과 마케팅 역량의 강화

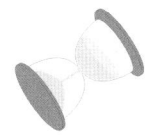

회사가 제품 자체의 경쟁력을 중시하며 연구개발에 집중했던 이유는 명확하다. 제품의 우수성은 시장에서의 성공을 결정짓는 가장 중요한 요소 중 하나였기 때문이다. 하지만 기술적 혁신과 품질 관리에 힘을 쏟으면서도, 영업과 마케팅의 중요성을 간과하지 않았던 이유는 제품이 아무리 뛰어나도 효과적인 영업과 마케팅 없이는 성공적인 시장 진입이 어렵다는 것을 잘 알고 있었기 때문이었다.

내가 이전에 근무했던 회사에서의 경험은 이 분야에 대한 깊은 이해를 가능하게 했다. 이 경험을 바탕으로, 나는 영업과 마케팅 전략을 구체적으로 설정할 수 있었다. 당시의 시장 환경을 잘 파악하고 있었으며, 업계의 흐름과 소비자 행동에 대한 통찰력을 가지고 있었다. 그 결과, 제품의 경쟁력을 확보하는 것 외에도 영업과 마케팅의 접근 방식을 세심하게 계획했다.

나는 시장의 특성을 철저히 분석했다. 우리가 진입하려는 시장이 수요자 시장(Buyer's Market)이 아니라 공급자 시장(Seller's Market)이라는 점을 이미 알고 있었다. 공급자 시장에서는 제품 공급자가 우위를 점하며, 소비자는 선택의 폭이 제한적일 수 있다. 이 경우, 제품의 우수성과 차별화된 가치가 매우 중요하다는 것을 인식했다.

제품의 경쟁력을 확보한 상태에서, 우리는 시장의 요구와 트렌드를 정확히 반영한 마케팅 전략을 수립했다. 시장 조사와 소비자 피드백을 통해 제품의 강점을 극대화하고, 이를 통해 판매 촉진을 이루는 전략을 취했다.

3. 창업 초기 전략 수정: 수입 유통에서 제조로의 전환

회사의 초기 단계에서 수입 유통을 주 사업으로 삼았던 이유는 여러 가지가 있었다. 원래의 목표와 비전은 해외의 유명 브랜드를 국내에 소개하고, 이를 통해 안정적인 수익 모델을 구축하는 것이었다.

초기의 사업 모델은 스위스에 본사를 두고 있는 다국적 기업 DKSH의 방식을 따랐다. DKSH는 세계적으로 인정받는 브랜드를 국내 시장에 유통시키는 전문 기업으로, 국내 시장에 해외 브랜드를 효율적으로 소개하고 판매하는 사업을 운영하고 있었다. 이러한 모델은 안정성과 확장 가능성을 제공했으며, 초기 자본과 자원을 비교적 적은 리스크로 활용할 수 있는 장점이 있었다.

그러나 사업을 운영하면서 공급자와의 관계에서 몇 가지 도전에 직면하게 되었다. 특히, 공급자의 파워—즉, 브랜드 오너의 영향력—가 상대적으로 강하게 작용하는 상황에서, 우리의 사업 운영에 일정 부분 제약을 받았다. 공급자는 때로는 가격 정책, 제품 제공 방식, 심지어 마케팅 전략까지 결정하며, 이로 인해 자율적인 운영이 어려운 상황이 빈번하게 발생했다.

이러한 상황은 사업의 장기적인 성장에 불리하게 작용할 것이라는 우려를 낳았다. 공급자의 의존도가 높아지면서, 그들의 결정에 의해 사업의 방향성이나 수익성이 영향을 받는 구조는 우리에게 심리적이고 실질적인 부담을 안겼다. 이와 같은 문제를 해결하고, 더 큰 자율성을 확보하기 위해서는 사업 모델의 근본적인 전환이 필요하다는 결론에 도달했다.

이런 배경 속에서 제조업으로의 전환을 결심하게 되었다. 제조업으로의 전환은 단순히 사업 영역의 확장을 넘어서, 공급자의 영향을 줄이고, 독립적인 사업 운영이 가능하게 하는 방법이었다. 제조업을 통해 직접 제품을 개발하고 생산함으로써, 우리는 브랜드의 품질을 더욱 엄격히 관리할 수 있었고, 시장에서의 경쟁력을 더욱 강화할 수 있을 것이라고 창업 초기에 판단했던 것이다.

또한, 제조업으로의 전환은 회사의 비전과 목표에도 잘 부합한다고 판단했다. 제조업체가 되면, 우리는 제품의 개발 과정에 직접 참여할 수 있으며, 이를 통해 혁신과 차별화를 이루는 데 유리한 위치에 놓일 수 있다. 이러한 방향성 변화는 단순히 기존의 사업 모델을 넘어, 우리의 브랜드와 제품에 대한 강력한 컨트롤을 가능하게 할 것이라고 생각했던 것도 창업 초기의 전략적 방향성 수립의 근거가 되었다.

결국, 수입 유통에서 제조로의 전환은 공급자 의존도를 줄이고, 사업의 독립성과 자율성을 확보하기 위한 전략적인 결정이었다. 이 전환은 회사가 장기적으로 더 큰 성공과 성장 가능성을 추구하는 데 필수적인 변화였으며, 사업 구조와 운영 방식에 큰 변화를 가져왔다.

4. 박사 학위와 사업의 균형

사업을 운영하면서 박사 학위를 취득하는 것은 단순한 도전이 아니었다. 매우 다른 두 가지 분야에서의 전문성을 요구하는 일이었다. 경영학 박사는 사업을 시작하기 전 이미 수료했지만, 본격적인 논문 작성은 사업을 운영하면서 이루어졌다. 이를 통해 학문과 실무를 효과적으로 결합하려는 노력을 기울였다.

공학 박사의 경우, 사료 개발을 위해 필수적인 두 가지 분야인 유기화학과 기계공학에 대한 심층적인 학습이 필요했다. 이 과정에서 난관에 봉착했지만, 문제 해결의 기본 원칙인 직접적인 접근을 고수했다.

내가 직접 문제를 해결하고, 모든 학습과 연구를 R&D의 연장선으로 여기는 성향 덕분에 큰 어려움 없이 난관을 극복할 수 있었다. 이 접근 방식은 학문적 연구와 사업 운영 간의 연결을 자연스럽게 만들었고, 각 분야에서 얻은 지식이 서로를 보완하게 되었다.

박사 학위는 사업 운영에 몇 가지 중요한 장점을 가져다주었다. 우선, 학문적인 접근 방식을 실무에 적용할 수 있었기 때문에 의사결정 과정에서 보다 체계적이고 신뢰할 수 있는 결정을 내릴 수 있었다. 연구와 분석을 통해 얻은 통찰력은 경영 전략 수립과 문제 해결에 유용하게 활용되었고, 이를 통해 사업의 경쟁력을 강화할 수 있었다.

하지만 학문적 지식이 실무에서 직접적으로 활용되기까지는 시간이

오래 걸릴 수 있었다. 특히 이론과 실전 차이를 극복하는 과정에서 시행착오도 있었고, 이로 인해 사업 진행에 일부 지연이 발생하기도 했다.

경영자라면 반드시 갖춰야 할 역량 중 하나는 기술적 지식이다. 특히 중소기업에서 대표가 되는 경우, 사업의 모든 측면에 대한 이해와 기술적인 지식은 필수적이다. 많은 회사들이 규모가 커지면서 대표가 전략적인 업무에만 집중하고, 세부적인 공정이나 기술적인 사항을 직원들에게 위임하는 경향이 있지만, 나는 이런 접근이 옳지 않다고 생각했다.

경영자가 경영학적 사고만 가져서는 부족하다. 기술적 이해를 바탕으로 대표가 회사를 운영하는 것이 중요하다고 믿었다. 이는 미래 예측 능력과 의사결정의 정확성을 높여 주며, 사업의 다양한 문제를 보다 효과적으로 해결하는 데 기여한다. 내가 경영자로서의 역량을 갖추기 위해 노력한 부분은 다음과 같다.

먼저 지식에 대해 통합적으로 접근하는 것이다. 나는 공학적 지식과 경영학적 사고를 통합하여 사업에 적용했다. 공부하는 모든 과정에서 R&D의 연장선으로 접근하며, 이론과 실제를 결합했다. 다음으로는 지속적으로 학습하고 이를 적용하는 것이다. 나는 학문적인 지식을 실무에 바로 적용하기 위해 지속적으로 학습하고, 그 결과를 사업에 직접 반영했다. 공부가 단순한 학문적 활동이 아니라 실질적인 업무와 연결되도록 노력했다. 마지막으로 넓은 지식과 예측 능력을 갖추는 것이다. 나는 기술적 지식뿐만 아니라, 미래의 시장 동향과 기술적 변화를 예측할 수 있는 능력을 기르기 위해 다양한 정보와 데이터를 분석하고, 이를 기반으로 의사결정을 내렸다.

경영자의 지식은 조직 내 모든 직원의 지식보다 넓고 깊어야 한다. 이는 사업의 미래를 정확히 예측하고, 기술적 변화에 유연하게 대응하는 데 필수적이다. 기술적 이해와 경영적 통찰력의 결합은 사업 성공의 핵심 요소로 작용했으며, 이를 통해 사업을 더욱 효율적으로 운영하고, 지속적으로 성장할 수 있었다.

5. 정책적 환경 변화를 위한 고민들

나는 반려동물 산업의 뿌리 깊은 문제를 해결하기 위해 많은 고민을 했다. 세상은 종종 숫자와 통계로 반려동물 산업의 성장을 이야기하지만, 그 숫자들은 표면적인 장식일 뿐이었다. 매년 몇 퍼센트 성장하고, 규모가 몇 조에 이르렀다는 발표는 단지 겉모습을 설명할 뿐, 실제 산업의 본질과 문제를 반영하지 못한다고 생각했다.

반려동물 산업의 진정한 발전을 위해서는 명확한 기준과 가이드라인이 필요하다고 확신했다. 하지만 우리나라에서는 반려동물 영양에 대한 가이드라인이 부재하다. 이는 단순히 행정적 가이드라인이 없는 문제가 아니라, 반려동물의 건강과 직결되는 문제이다. 가이드라인이 없다면, 시장에서 불필요한 혼란과 위험이 초래될 수밖에 없다.

그 문제를 해결하기 위해 나는 적극적으로 정책 형성에 참여하는 것이 중요하다는 생각을 늘 하고 있다. 반려동물 산업의 정의를 새롭게 정립하는 일도 필요하다. 단순히 시장의 성장률을 측정하는 것이 아니라, 산업 전반에 걸쳐 실질적인 기준과 정책이 마련되어야 한다고 느낀다. 나는 그 과정에서 업계의 경영자들이 정책 결정자들과 긴밀히 협력하며, 반려동물 영양에 대한 연구와 데이터를 바탕으로 적절한 가이드라인을 설정하는 것이 중요하다고 생각한다.

이러한 과정에서 가장 중요한 것은 단순히 산업의 문제를 지적하는 것이 아니라, 실질적인 해결책을 제시할 수 있어야 한다는 것이다. 국내에서의 반려동물 영양과 사료 관련 기술이 부족하다는 점을 인식하고, 이를 해결하기 위해 전문가 양성 및 기술 개발이 정말 필요하다. 그 과정에서, 나는 우리 회사의 R&D 부서를 강화하고 최신 기술을 도입하고자 노력했고, 국가적인 차원에서도 동일하게 기술 발전을 도모해야 한다고 생각한다.

이러한 고민들의 과정에서 얻은 통찰력은 사업 운영에 큰 영향을 미쳤다. 특히, 영양 가이드라인 부족 문제를 해결하기 위해 자사 제품의 영양 성분을 엄격히 관리했다. 내가 직접 연구와 개발에 참여하며, 제품의 품질을 높이는 데 심혈을 기울였다. 기술적 결함을 보완하기 위해 연구개발 부서를 강화하고, 최신 기술을 도입했다. 이는 단순히 제품의 경쟁력을 높이는 것이 아니라, 반려동물의 건강과 안전을 보장하는 데 필수적인 절차였다.

또한 정책 관점의 고민들은 사업 운영에 있어 예측력과 적응력도 높여 주었다. 이 고민의 과정 및 결과물들은 사업의 전략적 방향을 설정하는 데 중요한 역할을 했다. 나는 산업의 규제와 기준의 중요성을 깊이 이해하게 되었고, 이를 사업 전략에 적극적으로 반영했다. 이를 통해 시장에서의 신뢰를 구축하고, 반려동물의 건강과 행복을 증진시키는 데 기여할 수 있었다.

산업의 발전과 이를 위한 정책적 기반이 어떻게 마련되어야 할 것인가에 대한 고민들은 나의 사업적 비전을 현실로 만들기 위한 중요한 주춧돌 중 하나였다. 사업의 지속 가능한 성장을 이루고, 반려동물과 그 가족들에게 더 나은 미래를 선사하기 위해 나는 계속해서 노력할 것이다.

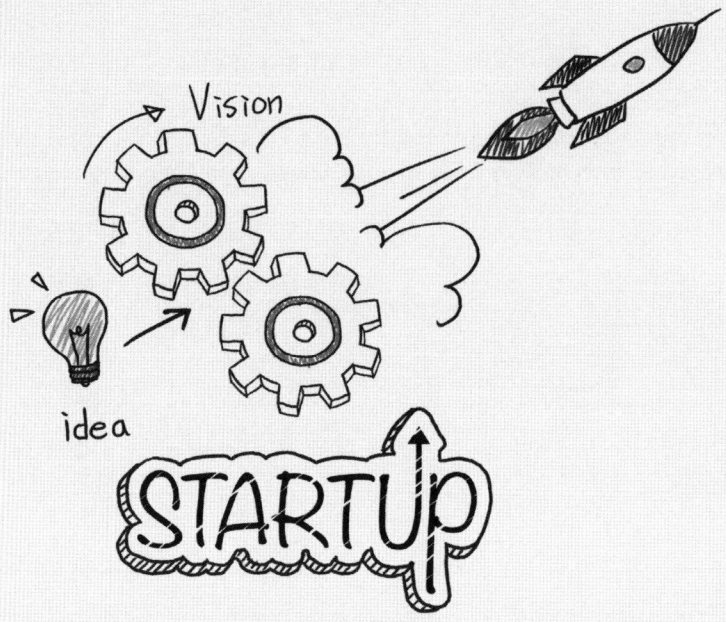

3부

Always Thinking Ⅰ:
Start-up 시작은 반드시 이렇게 하라

창업은 하나의 꿈을 현실로 만드는 긴 여정의 시작이다. 이 여정은 때로는 고되고, 불확실하며, 때로는 홀로 외로움을 견뎌야 하는 순간들로 가득 차 있다. 그러나 그 안에는 무한한 가능성과 자신만의 비전 실현이라는 꿈이 깃들어 있다. 회사를 세우고 성공으로 이끄는 과정은 단순히 목표를 세우고 달성하는 것이 아니다. 스스로의 한계를 넘어서고, 실패 속에서도 다시 일어서는 끊임없는 도전과 성장의 연속이다. 살아남기 위한 끈기, 성공을 위한 열정 그리고 자신을 믿는 강한 의지가 필요하다. 길이 험난할지라도 그 과정 속에서 매일 조금씩 성장하는 자신을 발견하고, 작은 성취들로 인해 더 큰 꿈에 한 걸음 다가설 수 있다.

성공은 단지 결과가 아니라, 매일 더 나은 나를 만드는 과정에 있다. 창업 후의 어려움은 성장의 밑거름이 되고, 그 모든 경험이 결국 자신의 이야기를 완성하는 힘이 될 것이다. 이번 챕터에서는, 그렇게 성공을 꿈꾸는 사람들에게 어떻게 하면 시작을 더 잘할 수 있는지에 대해 나의 경험과 지식을 공유하고자 한다.

1. 스타트업이 성공하기 위한 기본 조건들

　스타트업이 성공하기 위해서는 창업자의 기업가 정신이 핵심적인 역할을 한다. 특히 혁신 정신이 중요하다. 창업자는 기존의 문제를 새롭고 창의적인 방식으로 해결하고, 시장과 경쟁 환경에 대한 철저한 분석을 바탕으로 차별화된 가치를 창출해야 한다. 이러한 차별화는 경쟁에서 우위를 점할 수 있게 해 주며, 창업자가 독창적인 아이디어와 전략적 분석을 통해 시장에서 경쟁력을 갖추는 데 필수적이다.

　명확한 비전과 목표도 필수적이다. 창업자는 팀원들에게 비전과 목표를 명확히 전달해야 하고, 이를 통해 팀 전체가 같은 방향으로 나아가게 해야 한다. 명확한 비전은 팀원들의 동기부여를 높이고, 목표가 구체적일수록 팀원들이 더 열정적으로 목표를 달성하기 위해 노력하게 된다.

　또한, 스타트업은 강력한 팀을 갖추는 것이 중요하다. 다양한 분야에서 전문성을 갖춘 팀원들이 협력해야 하고, 기술, 경영, 마케팅 등 여러 방면에서 역량 있는 사람들이 팀을 이뤄야 한다. 팀 구성이 강력할수록 스타트업의 성공 가능성은 높아진다.

　초기 자금 조달도 성공의 중요한 요소다. 스타트업은 자본이 부족하기 때문에 투자 유치, 벤처 캐피털, 크라우드펀딩 등을 통해 자금을 확보해야 한다. 자금이 충분해야 제품 개발, 마케팅, 인재 고용 등에서 적절한 투자를 할 수 있다.

또한, 알맞은 시기의 시장 진입과 적응이 필요하다. 적절한 타이밍에 시장에 진입해야 하며, 시장에 빠르게 적응하고 변화에 대응할 수 있는 유연성이 있어야 한다. 너무 이른 진입은 준비 부족으로 실패할 수 있고, 너무 늦은 진입은 경쟁자에게 기회를 뺏길 수 있다.

스타트업은 고객 중심의 접근을 취해야 한다. 고객의 문제를 해결하는 데 초점을 맞추고, 고객 피드백을 반영해 제품을 개선하는 것이 성공의 열쇠다. 고객의 요구를 빠르게 파악하고, 그에 맞는 솔루션을 제공하는 것이 중요하다.

리더십과 의사결정 능력도 스타트업 성공에 중요한 역할을 한다. 창업자는 팀을 이끌고 빠르게 중요한 결정을 내릴 수 있어야 한다. 효과적인 리더십을 통해 팀원들이 신뢰하고 따를 수 있는 환경을 조성하고, 명확한 목표와 방향을 제시해야 한다.

스타트업은 지속적인 학습과 개선을 통해 변화하는 시장과 기술 트렌드에 빠르게 대응해야 한다. 새로운 정보를 습득하고, 이를 바탕으로 제품이나 서비스를 지속적으로 개선하려는 노력이 필요하다.

마지막으로, 강력한 네트워크는 스타트업의 성장에 큰 도움을 준다. 투자자, 멘토, 파트너와의 네트워크를 통해 자금을 조달하고, 사업을 확장하며, 문제를 해결하는 데 중요한 지원을 받을 수 있다.

이러한 조건들이 충족될 때 스타트업은 성공 가능성이 높아지고, 지속적인 성장을 이룰 수 있다.

2. 창업 초기 단계에서의 조직 문화를 어떻게 만들 것인가?

많은 사람들은 조직 문화가 생산성을 좌우하며, 특히 창업 초기의 조직 문화는 매우 중요하다고들 얘기한다. 창업 초기에는 직원의 수가 많지 않고, 아직 문화가 존재하지 않은 백지상태이기 때문에 회사의 대표가 탑다운(Top-down) 방식으로 회사의 조직 문화를 형성하는 것이 중요하다. 창업 초기 중소기업이 성공하기 위한 조직 문화는 다음과 같은 요소들이 중요하다.

1) 공유가치(Shared Value) 형성

모든 구성원이 공통적으로 지향하는 가치관을 명확히 하는 것이 중요하다. 회사(조직)의 사명과 비전을 설정하고, 구성원들이 이를 이해하고 공감할 수 있도록 해야 한다. 이러한 공유가치는 조직의 정체성을 확립하고, 구성원들의 행동과 결정을 일관성 있게 이끄는 역할을 한다.

2) 전략적 목표 설정

조직의 목표를 명확하게 설정하고, 이를 달성하기 위한 단기적 및 중장기적인 전략을 수립해야 한다. 창업 초기에는 변화가 많기 때문에, 유연한 전략과 이를 실현할 수 있는 명확한 계획이 필수적이다.

3) 조직 구조와 역할 분담

창업 초기에는 조직 구조가 간단하지만, 매출과 인원이 증가하면서는 역할 분담과 조직 구조가 명확해야 한다. 각 구성원에게 명확한 책임과 권한을 부여하여 효율적인 운영이 가능하도록 해야 한다.

4) 리더십과 의사소통

리더, 특히 회사 대표의 의사소통 방식과 리더십 스타일은 초기 조직 문화를 형성하는 중요한 요소이다. 리더는 열린 소통과 함께 구성원들의 의견을 경청하고 반영하며, 명확한 비전을 제시함으로써 구성원들의 신뢰를 얻어야 한다.

5) 혁신과 유연성

창업 초기 기업은 불확실성과 변화에 빠르게 적응해야 하기 때문에 유연성과 혁신을 중시하는 문화가 필요하다. 구성원들에게 창의적인 도전과 자율성을 부여하여 새로운 아이디어를 실현할 수 있는 환경을 조성해야 한다.

6) 성장통 관리

창업 초기에는 빠른 성장에 따른 내부적인 갈등이나 혼란이 발생할 수 있다. 이러한 성장통을 관리하고, 체계적인 절차와 제도를 마련하여 변화에 대처하는 것이 중요하다.

7) 지속적인 조직 문화 발전

조직 문화를 형성하고 발전시키기 위해서는 장기간에 걸친 노력이 필요하다. 공유가치를 중심으로 조직의 시스템, 구조, 리더십 스타일을 지속적으로 개선해 나가야 조직이 성장할 수 있다.

3. 창업 전 반드시 Exit 전략을 만들어야 한다

스타트업은 창업 전부터 Exit(성과 회수) 전략을 세워야 한다. 즉, 사업의 시작부터 사업을 어떻게 마무리할지에 대한 명확한 계획을 세워야 한다는 의미이다. Exit 전략은 사업을 성공적으로 매각하거나, 투자자들에게 수익을 돌려줄 수 있는 방안을 고민하는 과정이다. 이는 스타트업의 장기적인 성공과 지속 가능성을 높이는 데 필수적이다.

우선, Exit 전략을 세우기 위해서 창업자는 사업의 궁극적인 목표와 방향을 명확히 설정하여야 한다. 사업이 성장했을 때 기업을 매각할지, IPO(기업 공개)를 할지, 아니면 다른 방법을 선택할지를 미리 생각함으로써 중요한 의사결정에서 기준을 세울 수 있다.

또한, 투자자 유치에 있어서 Exit 전략은 큰 도움이 된다. 투자자들은 자신의 투자금을 회수할 수 있는 방법을 중요하게 생각하는데, 명확한 Exit 전략은 이들에게 신뢰를 줄 수 있어 자금 유치가 더 용이해진다.

리스크 관리 측면에서도 Exit 전략은 중요하다. 스타트업은 불확실성이 높은 만큼, 예상치 못한 문제나 실패에 대비할 수 있어야 한다. Exit 전략이 있으면 이러한 위험을 최소화하고, 필요시 사업을 적절히 정리하거나 매각할 수 있는 기반을 마련하게 된다.

또한, Exit 전략을 세워 두면 사업 운영 중 유연성을 확보할 수 있다. 상황이 변하거나 새로운 기회가 생겼을 때, 미리 준비된 계획을 바탕으로 빠르고 정확한 결정을 내릴 수 있기 때문이다.

이처럼 창업자는 사업을 시작할 때부터 그 끝을 어떻게 맞이할 것인지에 대한 전략을 세우는 것이 중요하다. 명확한 Exit 전략이 있을 때, 스타트업은 더 효율적이고 안정적인 성장을 이룰 수 있고, 창업자와 투자자 모두에게 성공적인 결과를 가져올 수 있다.

4. 비즈니스 모델 없이는 사업의 성공도 없다

비즈니스 모델 없이 사업을 성공시키는 것은 매우 어렵다. 비즈니스 모델은 기업이 어떻게 가치를 창출하고, 이를 고객에게 어떠한 방법으로 전달하며, 어떠한 절차로 수익을 얻을 것인지를 정의하는 핵심 전략이다. 이 모델이 없다면, 제품이나 서비스가 아무리 훌륭해도 그것을 통해 수익을 창출하기 힘들고, 장기적인 사업 성공은 불가능하다. 비즈니스 모델은 사업의 기초가 된다. 명확한 수익 구조를 통해 자원을 효율적으로 배분하고 사업을 안정적으로 운영하는 데 필수적이다.

또한, 비즈니스 모델은 고정된 것이 아니라, 시장 환경과 고객 요구의 변화에 따라 지속적으로 업데이트되어야 한다. 시장 상황은 빠르게 변하고, 기술 발전이나 경쟁자의 전략 변화가 비즈니스에 영향을 미칠 수 있기 때문에 기존의 모델로는 충분히 대응하기 어렵다. 변화하는 시장에 적응하지 못하면 경쟁에서 뒤처지기 쉽다. 하나의 비즈니스 모델이 영원하지 않다.

따라서 비즈니스 모델을 주기적으로 검토하고, 고객 피드백과 데이터를 기반으로 수정하는 것이 필요하다. 새로운 기술과 시장 트렌드를 반영하여 비즈니스 모델을 개선함으로써 더 나은 경쟁력을 확보하고, 지속 가능한 성장을 이끌어 낼 수 있다. 나는 매 분기별 다이어리를 만들어 단기적, 중장기적 핵심적인 비즈니스 모델을 3~5개 정도씩은 항상 준비해 놓고 있었다.

5. 반려동물 사료 산업의 비즈니스 모델을 어떻게 만들 것인가?

반려동물 사료 산업에서의 비즈니스 모델은 고객의 다양한 요구를 충족시키면서 제품의 차별화, 맞춤형 서비스, 기술과의 결합을 통해 경쟁력을 강화하는 데 중점을 두어야 한다. 내가 약 2020년부터 생각해 온, 시중에 일부 알려져 있는 반려동물 사료 및 간식 산업에서의 내외적인 환경 변화에 기반한 비즈니스 모델을 몇 가지 정리하면 다음과 같다.

1) 기능성 사료 모델

기능성 사료는 반려동물의 특정 건강 문제를 해결하는 데 초점을 맞춘다. 예를 들어, 관절 건강, 면역력 강화, 피부질환 개선 등을 위한 기능성 사료를 제공할 수 있다. 이러한 사료는 고부가가치 제품으로, 차별화된 포지셔닝이 가능하다. 이때 과학적 데이터와 임상적 증거를 바탕으로 기능성을 증명해야 하며, 이를 통해 신뢰성을 구축할 수 있다.

2) 헬스케어 서비스와 결합된 모델

헬스케어 서비스와 결합한 사료 모델은 반려동물의 건강 데이터를 모니터링하고, 이를 바탕으로 맞춤형 사료를 제공하는 방식이다. 반려동물의 건강 정보를 분석하여 개인화된 영양 솔루션을 추천하는 구독 서비스로 연계할 수 있다. 이는 단순한 사료 제공을 넘어서 반려동물의 건강 관리를 지원하는 고부가가치 서비스이다.

3) 한방, 전통 원료 및 지역 특산물 기반 사료

한방 재료나 지역 특산물을 활용하여 반려동물의 건강 문제를 해결하는 기능성 사료를 개발할 수 있다. 한방 원료의 과학적 효능을 강조하며, 면역력 증진, 소화 개선, 항염증 효과 등을 제공하는 제품을 개발할 수 있다. 또한, 지역 특산물과 결합하여 지역 농가와 협력하고, 지역 경제 활성화를 도모할 수 있는 모델도 고려할 수 있다.

4) 디지털 헬스케어와 결합한 맞춤형 사료

디지털 헬스케어와 결합된 맞춤형 사료 모델은 고객이 반려동물의 건강 데이터를 입력하고, 이를 기반으로 맞춤형 사료를 제조하는 방식이다. AI 기반 알고리즘을 통해 각 반려동물의 건강 상태에 맞춘 성분(원료) 배합이 가능하며, 구독 서비스를 통해 정기적으로 맞춤형 사료를 제공할 수 있다. 이는 개별 반려동물의 건강 요구를 충족하는 고도화된 비즈니스 모델이다.

5) D2C(Direct-to-Consumer) 플랫폼

D2C(Direct-to-Consumer) 모델은 중간 유통 단계를 배제하고, 제조업체가 소비자에게 직접 맞춤형 사료를 제공하는 방식이다. 소비자는 반려동물의 건강 상태를 입력하고, 해당 데이터에 맞춘 사료를 주문할 수 있으며, 제조업체는 즉시 맞춤형 제품을 생산하여 직배송할 수 있다. 이러한 방식은 가격 경쟁력을 높이고, 고객과의 직접적인 소통을 강화하는 장점이 있다.

6) 소셜 커머스와 커뮤니티 기반 모델

　소셜 커머스와 커뮤니티 기반 모델은 온라인 커뮤니티에서 사용자 리뷰와 피드백을 통해 자연스러운 마케팅 효과를 얻는 방식이다. 소비자와의 신뢰를 바탕으로 제품이 확산되며, 커뮤니티에서 제품 추천 및 구매가 자연스럽게 이루어진다. 이를 통해 브랜드 충성도를 높이고, 고객과의 관계를 강화할 수 있다.

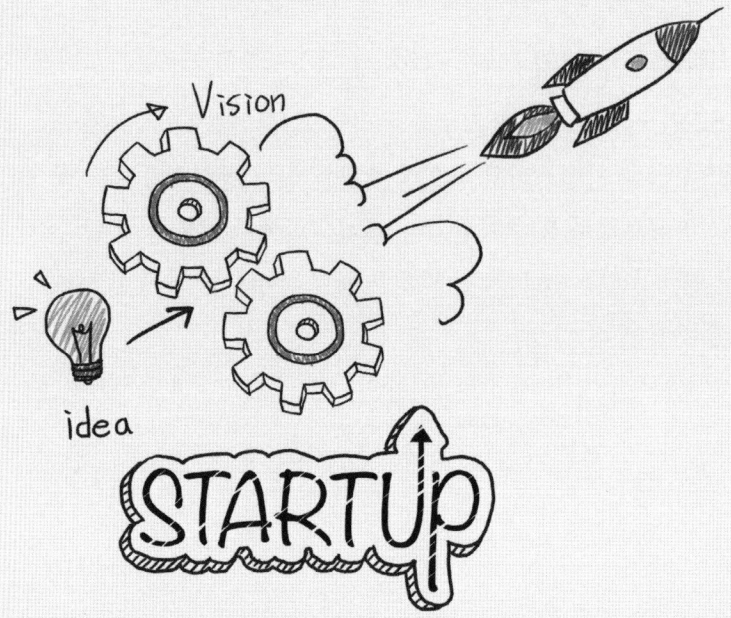

4부

Always Thinking II :
Scale up에서 절대 빠질 수 없는 것들

1. 스케일 업 단계에서 조직 문화를 어떻게 만들 것인가?

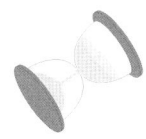

창업 후 회사가 어느 정도 성장하여 안정화되면, 더 큰 도약이 필요한 시점에 도달하게 된다. 나의 경험에 따르면 월 매출 약 3~5억 원에 도달하고, 직원 수가 30~50명이 되었을 때, 조직 문화에 변화를 줄 필요성을 강하게 느끼기 시작했다. 이 시점이 되면 직원들 사이에서 자연스럽게 비공식적인 그룹이 형성되곤 한다. 이런 그룹들은 주로 직원들의 성격이나 스타일에 따라 나뉘며, 그 안에서 상사나 회사에 대한 불만을 나누기도 한다.

이 단계에서 기존의 탑다운(Top-down) 방식의 조직 운영은 한계에 봉착하게 된다. 회사가 성장하면서, 더 이상 상명 하달 식의 문화로는 모든 구성원의 의견을 효과적으로 수용할 수 없게 된다. 이때는 다운업(Down-up) 방식을 도입해 직원들의 의견을 반영하는 조직 문화를 구축하는 것이 필요하다. 이러한 변화를 통해 직원들이 스스로 업무에 참여하고, 조직 내 소통을 강화할 수 있는 구조로 전환해야 한다.

1) 하위문화의 발굴과 관리

조직 내에는 비공식적인 네트워크를 통해 형성된 다양한 하위문화가 존재하며, 이는 공식적인 조직 구조와는 다르게 작동한다. 이러한 하위문화를 이해하고 적절히 관리하는 것은 조직 내 협업을 촉진하고, 변화에 대한 저항을 줄이는 데 도움이 된다. 특히, 하위문화를 잘 활용하면 조직 전체의 생산성을 향상시킬 수 있다.

2) 진정한 문화적 리더의 중요성

조직 내의 비공식적인 인플루언서, 즉 문화적 리더는 직원들에게 큰 영향을 미친다. 이들은 직원들이 새로운 가치나 행동을 더 쉽게 수용하도록 돕는 역할을 한다. 이러한 리더를 찾아내어 조직 내 변화와 혁신을 이끌어 내면, 생산성이 극대화될 수 있다.

3) 갈등 해결을 통한 생산성 향상

숨겨진 갈등을 해결함으로써 생산성을 저해하는 요인들을 줄일 수 있고, 특히 서로 다른 가치관을 가진 하위 그룹 간의 갈등을 해소함으로써 협업을 촉진할 수 있다. 이는 전체 조직의 성과를 높이는 데 기여한다.

4) 긍정적인 감정의 중요성

긍정적인 감정은 조직 내에서 중요한 문화적 변화를 이끌어 내는 원동력이 된다. 특히, 활력을 불어넣는 리더들이 직원들에게 긍정적인 경험을 제공할 때, 직원들은 더 적극적으로 새로운 변화를 수용하게 되며, 이는 조직의 목표 달성에 큰 도움을 준다.

5) 시간을 둔 변화 채택

새로운 문화적 규범이나 행동을 완전히 숙달하고 채택하는 데는 시간이 필요하다. 이를 충분히 고려한 접근을 통해 조직의 변화가 점진적이면서도 효과적으로 이뤄질 수 있다. 새로운 가치나 행동이 자연스럽게 조직 내에 뿌리내릴 때, 조직 전체의 생산성은 지속적으로 향상된다.

2. 리더의(CEO)의 리더십

중소기업에서 리더십은 조직의 성과와 성공에 매우 중요한 역할을 한다. 특히, 다양한 상황에 맞춰 유연하게 적용할 수 있는 리더십이 요구된다. 예를 들어, 직원이 자신감이 부족할 때는 그들을 지지하고 도와주는 후원적 리더십이 필요하고, 반대로 성취 욕구가 강할 때는 목표 달성에 대한 동기부여를 제공하는 성취지향적 리더십이 효과적이다. 또한, 기술이 부족한 직원에게는 구체적인 지시와 안내를 제공하는 지시적 리더십이, 참여 욕구가 강한 직원에게는 의사결정에 참여할 수 있는 참여적 리더십이 적합하다.

리더의 의사결정은 조직의 운명을 좌우할 정도로 중요하다. 리더가 편견이나 착각에 빠지지 않기 위해서는, 부하 직원과의 소통에서 닫힌 질문이 아닌 열린 질문을 통해 솔직한 의견을 얻는 것이 필요하다. 또한, 발전을 목표로 하는 질문을 통해 더 나은 결과를 고민하게 함으로써 조직의 성과를 높일 수 있다.

리더십 코칭도 중소기업 리더에게 필수적이다. 리더는 스스로 자신의 리더십에 대해 솔직한 피드백을 얻기 어려운 경우가 많기 때문에, 리더십 코칭을 통해 자신의 강점과 약점을 인지하고 개선해 나가야 한다. 특히 CEO부터 이러한 리더십 개선에 솔선수범하는 것이 중요하다. 코칭은 명확한 목표와 실천 계획을 세워야 효과적이며, 리더가 특정한 리더십 스킬을 향상시키는 데 집중할 필요가 있다.

　오늘날의 중소기업에서는 다양한 배경과 가치를 가진 구성원들이 존재하기 때문에, 이를 수용할 수 있는 멀티 코드 리더십이 필요하다. 리더는 자신의 스타일만을 고집하는 대신, 다양한 관점과 경험을 존중하고 수용하는 태도를 가져야 한다. 동시에, 조직의 공통된 목표와 가치를 명확히 설정해 통일성과 다양성을 균형 있게 유지하는 것이 중요하다.

　리더십은 특정 리더에게만 집중되지 않고, 조직 내에서 공유될 수 있는 리더십으로 발전해야 한다. 직원들이 의사결정에 참여하고 스스로 책임감을 가지고 일할 수 있는 환경을 만들어 주면, 조직의 성과는 더욱 향상된다. 구성원 모두가 자신의 역할에서 주체적인 리더가 될 수 있도록 리더십을 공유하는 것이, 중소기업에서의 성공적인 리더십 전략이 될 수 있다.

3. 경영 전략에서 경쟁우위, 비교우위 그리고 차별화우위

반려동물 사료 및 간식 산업에서 경쟁우위, 비교우위, 차별화우위는 기업이 시장에서 성공하고 경쟁사보다 우위를 차지하기 위해 사용하는 핵심 전략들이다. 이 개념들은 각각 기업이 어떻게 경쟁력을 강화할 수 있는지를 설명하며, 서로 밀접하게 연결되어 있다.

1) 경쟁우위

경쟁우위는 기업이 경쟁사보다 더 나은 성과를 내고, 고객에게 더 큰 가치를 제공할 수 있는 능력을 말한다. 반려동물 사료 시장에서 경쟁우위를 확보하려면, 기업은 경쟁사보다 낮은 비용으로 제품을 제공(비교우위)하거나, 더 우수한 품질이나 기능성을 갖춘 제품을 제공(차별화우위)해야 한다. 예를 들어, 대규모 생산을 통해 비용을 절감하거나, 기능성 성분을 첨가한 프리미엄 사료를 통해 경쟁사와 차별화된 가치를 제공할 수 있다.

2) 비교우위

비교우위는 한 기업이 특정 제품을 경쟁사보다 더 적은 기회비용으로 생산할 수 있는 능력을 의미한다. 반려동물 사료 및 간식 산업에서는 저렴한 원재료를 쉽게 조달하거나, 효율적인 생산 공정을 통해 비용을 절감할 수 있는 지역적 특성이 있을 때 비교우위를 확보할 수 있다. 예를 들어, 한 회사가 우리나라에서 쉽게 조달할 수 있는 유기농 원재료를 활용하여 경쟁사보다 더 저렴하게 고품질 사료를 생산할 수 있다면, 이는 비교우위를 갖춘 것이다.

3) 차별화우위

차별화우위는 기업이 경쟁사와 차별화된 독특한 제품이나 서비스를 제공함으로써 고객에게 특별한 가치를 제공하고, 시장에서 우위를 점하는 것을 의미한다. 반려동물 사료 시장에서 차별화된 제품은 건강에 도움을 주는 기능성 사료, 혹은 반려동물의 나이나 특성에 맞춘 맞춤형 사료 등이 있을 수 있다. 예를 들어, 피부 건강을 개선하는 특정 성분이 포함된 사료는 경쟁 제품과의 차별화된 가치를 제공하여 고객의 선호를 끌어낼 수 있다.

이들 간의 관계를 보면, 경쟁우위는 비교우위와 차별화우위를 통해 달성될 수 있다. 반려동물 사료 및 간식 제조업체가 경쟁우위를 확보하기 위해서는 비용 절감을 통한 비교우위와, 고객에게 독특한 가치를 제공하는 차별화우위를 함께 고려해야 한다. 이러한 전략적 접근을 통해 기업은 경쟁사와 차별화되고, 시장에서 지속적인 성공을 이루어 낼 수 있다.

4. 신제품 개발과 마케팅 전략

 반려동물 사료 및 간식 산업에서 신제품 개발은 기업의 경쟁력 강화와 성장에 매우 중요한 역할을 한다. 이 과정은 단순히 새로운 제품을 시장에 내놓는 것이 아니라, 변화하는 소비자의 요구를 충족시키고, 경쟁에서 차별화된 제품을 제공함으로써 시장에서 우위를 점하는 것을 목표로 한다.

 신제품 개발은 소비자의 요구와 시장 변화에 빠르게 대응하기 위한 중요한 전략이다. 특히 반려동물 사료 및 간식 산업에서는 반려동물 보호자들이 사료의 기능성과 반려동물의 건강을 중시하기 때문에, 이러한 트렌드를 반영한 제품이 필요하다. 기업이 새로운 제품을 통해 소비자들에게 차별화된 가치를 제공하면, 더 높은 수익성과 성장을 기대할 수 있다.

 속성 열거법과 형태학적 분석법은 반려동물 사료 및 간식 산업에서 신제품 개발과 문제 해결에 적용할 수 있는 중요한 창의적 기법들이다. 두 기법 모두 아이디어 도출과 혁신을 촉진하는 도구로 사용되며, 각 기법은 접근 방식에서 차이가 있다.

1) 속성 열거법을 활용한 반려동물 사료 및 간식 개발

 속성 열거법은 특정 제품의 속성(크기, 맛, 재료, 포장 등)을 나열하고,

그 속성을 변형하거나 새로운 속성과 결합해 아이디어를 발전시키는 방법이다. 이를 통해 제품의 차별성을 강조할 수 있다.

예를 들어, 반려동물 간식을 개발할 때, 기존 간식의 속성들을 나열해 보자. 재료, 영양 성분, 포장 형태, 간식의 모양과 같은 속성들을 변경함으로써 새로운 제품을 창출할 수 있다. 이를 통해 인삼이나 홍삼 부산물로 만든 기능성 간식이나, 한 입 크기로 쉽게 나눠 먹일 수 있는 간식을 개발하는 등의 다양한 아이디어를 얻을 수 있다. 속성 열거법은 이러한 개별 요소를 변경하여 제품의 독창성과 경쟁력을 강화하는 데 유용하다.

2) 형태학적 분석법을 활용한 반려동물 사료 및 간식 개발

형태학적 분석법은 제품을 구성하는 주요 요소들을 세분화하고, 각각의 요소가 가질 수 있는 다양한 변형을 조합하여 새로운 해결책을 도출하는 방법이다. 반려동물 사료의 경우, 영양 성분, 형태, 포장, 용도 등을 세분화하여 각 요소의 다양한 변형을 조합해 볼 수 있다.

예를 들어, 건조식, 습식 사료와 같은 사료 형태, 단백질 함량, 기능성 성분 등의 영양 요소, 비닐 포장, 재활용 포장재 등의 포장 방식 등을 각각 조합하여 신제품 아이디어를 탐색할 수 있다. 이를 통해 기존 사료와 차별화된 맞춤형 사료나 특정 건강 문제를 개선하는 사료를 개발할 수 있다. 형태학적 분석법은 다양한 요소의 조합을 통해 새로운 해결책을 탐색하는 데 매우 유용하다.

3) 속성 열거법과 형태학적 분석법의 차이

두 기법의 차이점은 문제를 바라보는 접근 방식에 있다. 속성 열거법은 주로 개별 속성의 변화에 중점을 두고, 직관적으로 제품을 개선하거나 새로운 변형을 도출하는 데 유용하다. 예를 들어, 반려동물 사료의 크기, 맛, 재료 등 개별 속성을 나열하고 각각을 변경함으로써 제품을 변화시킬 수 있다.

반면에 형태학적 분석법은 제품을 구성하는 요소들을 세분화하고 각 요소의 변형을 조합하여 다양한 대안을 탐색하는 방식이다. 이는 제품의 다양한 측면을 포괄적으로 분석하고, 여러 조합을 통해 새로운 제품 아이디어를 얻을 수 있는 체계적 접근법이다. 반려동물 사료의 다양한 요소들을 모두 고려해 여러 가지 대안을 조합해 보는 방식이 이 기법의 특징이다.

이러한 기법들을 통해 신제품을 출시한 후에는 제품 수명 주기(PLC)에 맞춘 마케팅 전략이 필요하다. 도입기부터 성장기, 성숙기, 쇠퇴기까지 각 단계에 맞는 가격, 홍보, 유통 전략을 수립하여 제품의 매출과 수익을 극대화할 수 있다. 특히 신제품 출시 후 초기 마케팅 전략은 제품이 시장에 성공적으로 자리 잡는 데 중요한 역할을 한다.

단계	특징	마케팅 전략
도입기 (Introduction)	제품이 처음 출시되어 인지도가 낮고, 매출이 적으며 비용이 높음	제품 인지도 확산, 고가격 또는 침투 가격 전략 사용
성장기(Growth)	매출이 빠르게 증가하고, 경쟁 상품이 등장하기 시작	시장 점유율 확대, 차별화, 광고와 프로모션 강화
성숙기(Maturity)	매출이 안정화되며 성장이 둔화되고, 경쟁이 치열해짐	브랜드 충성도 유지, 품질 개선 및 서비스 차별화
쇠퇴기(Decline)	제품 수요가 감소하고 시장에서 사라질 가능성이 커짐	할인 판매, 재포지셔닝, 마케팅 비용 절감

5. R&D 전략

　반려동물 사료 및 간식 산업에서 R&D 전략은 지속적인 혁신을 통해 기업의 경쟁력을 유지하고 성장할 수 있게 하는 핵심 전략이다. 최근 몇 년간 관련 산업에서의 R&D는 특히 건강 기능성, 지속 가능성, 디지털 기술의 도입 등을 중심으로 급격히 발전해 왔다. 이러한 변화에 맞춘 전략적 접근이 중요하다.

1) 기능성 성분과 건강 중심의 제품 개발

　반려동물 보호자들은 반려동물의 건강 관리에 더욱 신경을 쓰고 있으며, 이에 따라 장 건강, 면역력 강화, 피모 건강과 같은 기능을 제공하는 제품에 대한 수요가 빠르게 증가하고 있다. 이러한 트렌드를 반영해, 프로바이오틱스와 프리바이오틱스와 같은 성분을 연구하고, 이를 통해 반려동물의 장 건강과 면역 체계를 개선하는 혁신적인 제품들이 속속 출시되고 있다.

　① **장 건강 개선 제품**: 장 건강은 반려동물의 면역 시스템과 직접적으로 연결되어 있어, 이를 개선하는 성분들이 주목받고 있다. 프로바이오틱스와 같은 장내 미생물을 개선하는 성분이 반려동물의 건강을 크게 개선할 수 있다는 연구 결과들이 많아지고 있으며, 이를 활용한 제품이 늘어나고 있다.

② **맞춤형 영양 공급**: 최근 R&D에서 맞춤형 영양 제품 개발이 중요해지고 있다. 반려동물의 나이, 체중, 건강 상태에 맞춘 맞춤형 사료와 간식을 제공함으로써, 소비자들의 다양한 요구를 충족시키고 있다.

2) 지속 가능한 원재료와 친환경 전략

지속 가능성은 현대 R&D 전략의 필수적인 부분이다. 소비자들은 친환경적인 제품을 선호하고 있으며, 이에 따라 반려동물 사료 및 간식 산업에서도 지속 가능한 원재료 사용과 친환경적인 생산 공정이 중요해지고 있다. 예를 들어, 재활용 가능한 포장재와 유기농 원재료 사용이 소비자들에게 긍정적인 인식을 주며, 브랜드 신뢰성을 높이는 역할을 한다.

혁신적인 단백질 공급원으로 세포 배양 단백질도 연구되고 있다. 기존 육류 기반 단백질 대신, 환경 부담을 줄이면서도 영양가 높은 단백질을 제공할 수 있는 기술로, 이는 반려동물 사료 산업에서 주목받고 있는 대체 단백질 공급원이다. 이를 통해 환경 보호와 고품질 제품이라는 두 가지 목표를 동시에 달성할 수 있다.

3) 디지털 혁신을 통한 R&D 효율화

디지털 전환은 R&D에서 효율성을 극대화하는 데 큰 역할을 하고 있다. 최근에는 AI와 머신러닝을 통해 예측 분석과 데이터 기반 의사결정을 강화하고 있다. 예를 들어, 자동화된 시스템을 통해 생산 공정에서 발생할 수 있는 오류를 미리 예측하고, 이를 통해 불량률을 낮추며, 생산성을 극대화하는 것이 가능해졌다.

① **자동화된 생산 공정**: 자동화 기술을 통해 원가 절감과 함께 안정적

인 품질을 유지할 수 있다. 이를 통해 기업은 제품 품질을 향상시키면서도 생산 비용을 줄일 수 있는 경쟁력을 확보할 수 있다. 이러한 자동화와 디지털 전환은 특히 대규모 생산에서 큰 효과를 발휘한다.

4) 협력과 공동 연구를 통한 신제품 개발

① **산업 간 협력**: 많은 기업들이 단독으로 R&D를 수행하기보다는 다양한 협력 파트너와의 공동 연구를 통해 신제품을 개발하고 있다. 원재료 공급업체, 대학, 연구기관과의 협력을 통해 새로운 성분과 기술을 탐색하고 이를 제품화하는 방식은 R&D의 효율성을 높이는 데 중요한 전략이다.

② **맞춤형 제품 개발**: 소비자들의 반려동물 요구가 점점 더 세분화됨에 따라, 맞춤형 영양 제품의 중요성도 높아지고 있다. 소비자의 요구에 맞춰 반려동물의 건강 상태와 취향에 맞는 맞춤형 제품을 제공함으로써 차별화된 가치를 제공할 수 있다.

5) 장기적인 연구와 단기적인 성과의 균형

장기적인 연구는 새로운 성분이나 제품의 효과를 입증하는 데 필수적이다. 특히, 새로운 성분이나 혁신적인 제조 공정을 도입할 때 장기적인 테스트와 검증이 필요하다. 이러한 장기 연구는 신뢰성을 높이는 중요한 요소다.

반면에, 단기적으로 시장에 즉시 출시할 수 있는 제품 개발도 병행해야 한다. 시장의 변화에 빠르게 대응하고, 최신 트렌드를 반영한 신제품을 빠르게 출시함으로써 경쟁에서 우위를 점할 수 있다. 이러한 단기적 성공이 장기적인 연구개발에 필요한 자원을 마련하는 데 중요한 역할을 할 수 있다.

6. 은행 돈은 내 돈이다

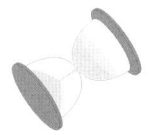

 중소기업이 자금을 조달할 때, "은행 돈은 내 돈이다."라는 태도로 접근하는 것은 매우 긍정적인 전략이다. 이 태도는 은행 대출을 단순히 빚으로 보는 것이 아니라, 자금을 효율적으로 활용해 기업의 성장을 촉진할 수 있는 기회로 인식하는 것을 의미한다. 이를 바탕으로 은행과 성공적인 금융 거래를 할 수 있는 방법과 태도를 구체적으로 설명하겠다.
 먼저 첫째, 긍정적인 태도는 자금 조달을 주도적으로 이끌며, 은행과의 관계를 더 발전시킬 수 있는 기회를 제공한다. 은행은 기업의 성장을 돕는 파트너로서, 자금을 통해 사업 확장과 투자 기회를 제공한다. 따라서 은행 자금을 사업의 중요한 자산으로 여기고, 이를 통해 사업 성장과 현금 흐름을 원활히 유지할 수 있는 긍정적인 태도를 가지는 것이 중요하다.
 둘째, 은행과의 신뢰 구축은 대출 성공의 중요한 요소다. 은행은 기업의 재무 상황을 매우 중요하게 생각하므로, 재무 투명성을 유지하고 신뢰를 쌓아야 한다. 기업의 재무제표와 회계 장부를 투명하게 관리하고, 이를 정기적으로 은행에 공유함으로써 은행이 기업을 신뢰하게 만들 수 있다. 또한, 정기적인 소통을 통해 사업 목표와 비전을 은행과 공유하고, 기업의 성장을 은행이 돕는 중요한 파트너로 인식하게 하는 것이 필요하다.

셋째, 적극적인 자금 활용 전략도 필수적이다. 대출을 받을 때는 구체적인 자금 사용 계획을 세워야 한다. 예를 들어, 반려동물 사료 및 간식 제조업체는 원재료 구매, 생산 설비 확장, 신제품 개발, 마케팅 등 자금을 효과적으로 사용하여 사업 성장을 이끌어야 한다. 자금 사용의 명확한 목적을 은행에 설명하고, 자금을 적절히 활용하여 현금 흐름을 관리하면 신뢰를 강화할 수 있다.

넷째, 적절한 대출 상품 선택 또한 중요하다. 은행에서 제공하는 다양한 대출 상품 중에서, 기업의 상황에 맞는 금리와 상환 조건을 선택하는 것이 필요하다. 금리와 상환 기간을 비교하고, 장기적으로 부담이 적은 대출을 선택함으로써 안정적인 자금 운용이 가능해진다. 담보 대출이나 신용 대출도 기업의 자산 구조와 신용도를 고려하여 선택하는 것이 중요하다.

다섯째, 위기관리도 은행 대출을 사용할 때 중요한 요소다. 시장 변동이나 예상치 못한 비용 상승 등의 위험 요소를 고려하여 비상 자금을 마련하고, 현금 흐름의 유동성을 유지하는 것이 필요하다. 이러한 대비가 되어 있으면 예기치 못한 상황에서도 대출 상환에 대한 신뢰를 유지할 수 있다.

마지막으로, 장기적인 은행 파트너십을 구축하는 것이 중요하다. 은행과의 관계는 단기적인 대출 거래를 넘어서, 장기적으로 기업의 성장을 지원할 수 있는 중요한 파트너로 인식되어야 한다. 현재의 대출을 성실히 상환하고, 신용도를 유지함으로써 이후 추가 자금이 필요할 때 더 유리한 조건으로 대출을 받을 수 있는 기회를 만들 수 있다.

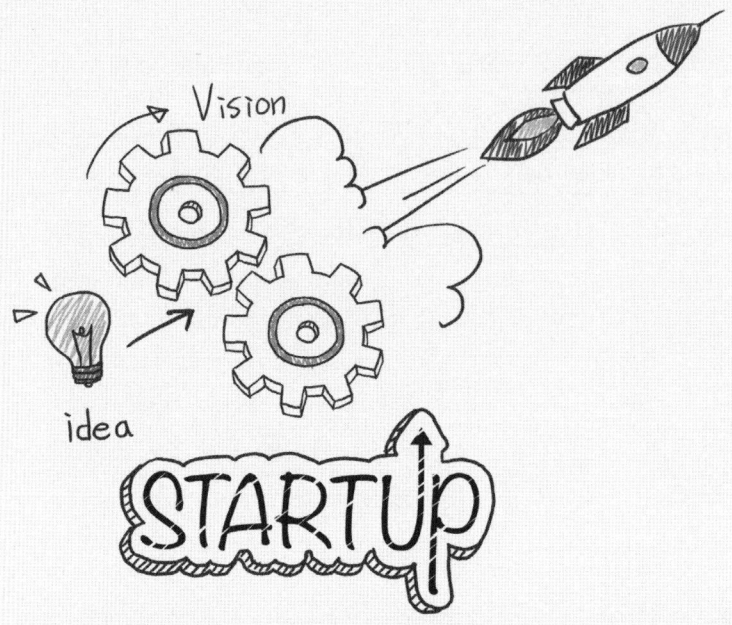

5부

Always Trusting in Relationships: B2B 고객과의 신뢰 구축

반려동물 사료 산업은 본질적으로 B2B 고객을 주요 대상으로 삼을 수밖에 없는 구조를 가지고 있다. 이는 제품의 특성과 시장 운영 방식에서 기인한다. 반려동물 사료는 대량 생산과 유통이 필수적인 산업으로, 주요 고객은 개별 소비자가 아니라 동물병원, 펫 숍, 대형 유통업체, 수출 기업과 같은 B2B 고객이다. 이러한 고객들은 한 번의 대량 구매로도 매출의 상당 부분을 차지하며, 안정적인 거래 관계를 통해 장기적인 비즈니스 협력이 이루어진다. 따라서 B2B 고객과의 관계는 단순한 거래를 넘어 전략적 동반자 관계로 발전해야 한다. 이것은 비단 반려동물 사료 산업뿐 아니라 B2B 고객을 상대하는 거의 모든 산업 분야에 동일하게 적용되는 원칙이기도 하다.

내가 B2B 고객과의 신뢰에 주목하게 된 계기는 DKSH에서 근무하던 시절이었다. 당시, 나는 반려동물 사료의 유통과 판매를 담당하며 거래처와의 신뢰가 매출 성과와 고객 충성도에 얼마나 큰 영향을 미치는지 체감했다. 특정 거래처와의 신뢰 관계가 신규 시장 개척과 장기적 파트너십을 가능케 한 반면, 신뢰가 부족한 관계는 예상치 못한 손실로 이어지기도 했다. 이를 통해 신뢰가 단순히 비즈니스의 한 요소가 아니라, 성공의 필수 조건임을 깨닫게 되었다. 이러한 깨달음을 나는 창업 이후에도 꾸준히 견지하며 이를 바탕으로 항상 고객과의 커뮤니케이션을 해 왔다.

이 장에서는 B2B 고객과의 신뢰를 구축하고 유지하기 위해 내가 실행했던 구체적인 전략과 사례를 중심으로 이야기를 전개할 것이다.

먼저, B2B와 B2C의 근본적인 차이점과 관계 기반으로 운영되는 B2B 비즈니스의 특성을 다루며, 고객사의 의사결정 프로세스를 이해하는 것이 왜 중요한지를 설명할 것이다. 이렇게 함으로써 B2B 환경에서의 위기관리와 새로운 기회를 창출하는 전략을 중점적으로 다룰 것이다.

고객 신뢰 형성의 중요성을 다루는 부분에서는, 신뢰를 구축하기 위해 실천했던 핵심 요소들을 구체적으로 살펴볼 것이다. 투명성과 일관성을 유지하기 위해 투명한 가격 정책과 정확한 납기 이행을 기본 원칙으로 삼았던 경험, 맞춤형 솔루션 제공을 통해 고객의 니즈에 대응하며 그들의 성공에 기여했던 사례를 제시할 것이다.

또한, 위기 상황에서의 갈등 해결과 신용 평가 방법 그리고 잠재 고객 발굴과 신규 고객 유치 전략에 대한 구체적인 사례를 공유할 예정이다. 대규모 반품 문제를 신속히 해결하며 위기 상황에서 신뢰를 증명했던 경험과, 고객사 담당자들과 인간적인 유대를 형성하며 단순한 계약 관계를 넘어서 동반자적 관계를 구축했던 사례를 다룰 예정이다.

마지막으로, 거래처와의 관계에서 얻은 교훈을 통해 신뢰 기반의 비즈니스가 어떻게 지속 가능한 성장을 가능하게 하는지를 보여 줄 것이다. 이를 통해 독자들은 B2B 관계가 단순한 계약을 넘어 비즈니스의 가장 강력한 자산으로 발전할 수 있다는 사실을 깨닫게 될 것이다. 지속적인 성과를 통해 고객의 매출 증대와 비용 절감을 실현했던 경험을 소개하며, 신뢰를 공고히 하는 방법을 논의할 것이다.

1. B2B의 본질: 관계 기반 비즈니스

1) B2B와 B2C의 근본적인 차이점

　B2B와 B2C 비즈니스는 거래 구조와 의사결정 과정에서 본질적으로 큰 차이를 보인다. 특히 반려동물 사료 사업에서 이러한 차이는 특히 두드러진다. 내가 철저히 관계 기반 비즈니스를 지향했던 분명한 이유이기도 했다. B2B는 고객사가 당사 제품을 구매해 판매하는 구조이다. 구매 의사결정이 복잡하고 다단계로 이루어진다. 고객사의 구매 부서, 마케팅 팀, 재무 팀 그리고 최종 의사 결정권자까지 다양한 이해관계자가 관여하며, 모든 단계에서 요구와 기대를 충족시켜야 한다. 반면, B2C는 개별 소비자가 단독으로 구매를 결정하는 경우가 대부분으로, 그 과정이 단순하고 즉각적이다. 이러한 구조적 차이는 비즈니스 전략에 있어 전혀 다른 접근을 요구한다.

　B2B와 B2C의 고객의 규모와 요구는 또 다른 중요한 차이점이다. B2B는 소수의 고객사에 대량으로 제품을 공급하는 것이 일반적인데, 이는 결국 특정 고객사와의 관계가 매출에 직접적으로 영향을 미칠 수밖에 없다는 사실을 보여 주는 것이기도 하다. 소수의 특정 거래처에 대량의 물건을 제공해 매출을 극대화하는 것은 언제나 전략적으로 우선순위가 높았다. 하지만 이러한 대량 거래가 지속적으로 이루어지기 위해서는 장기적이고 전략적인 협력 관계를 요구했고, 결국 B2B 비즈니스

의 핵심인 신뢰와 협력이 바탕이 되어야 했다. 반면, B2C의 전략은 일반적으로 다수의 고객을 대상으로 소량 판매를 통해 시장 점유율을 확대하는 데 중점을 둔다. 이는 대중 시장에서의 브랜드 인지도와 접근성을 강조하는 전략과 직결된다. B2B 사업에서는 고객사마다 동일한 경험을 제공하기보다는 맞춤형 솔루션을 제공한다. 더군다나 반려동물 사료 산업에서는 고객사마다 원하는 기능성 원료나 독창적인 패키징 디자인 등 니즈가 매우 다양하다.

B2B와 B2C의 차이는 단순히 거래 대상과 규모의 차이에 머물지 않는다. B2B에서는 결국 고객사와의 장기적이고 전략적인 협력을 통해 관계를 지속적으로 발전시키는 과정이 중요하다. 이는 비즈니스 성과와 직결될 뿐 아니라 기업의 장기적 성장과 지속 가능성을 보장하는 데 필수적이기 때문이다. 하지만 이러한 관계를 효과적으로 형성하려면 고객사가 구매를 결정하는 과정에 대한 깊은 이해가 필요하다. B2B에서 고객사의 의사결정은 다양한 이해관계자가 관여하는 복잡한 과정으로, 이를 제대로 이해하지 못하면 신뢰를 구축하고 관계를 발전시키는 데 큰 어려움을 겪을 수 있다.

그렇다면 B2B 비즈니스에서 고객사의 의사결정은 어떻게 이루어질까? 구매 의사결정 과정에서 발생하는 주요 이해관계자들의 역할과 그들의 기대를 충족시키기 위해 우리는 무엇을 해야 할까? 다음 파트에서는 고객사의 의사결정 프로세스를 구체적으로 살펴보고, 이를 효과적으로 대응하기 위한 전략을 알아보도록 하자.

2) 고객사의 의사결정 프로세스 이해

B2B 고객을 영업하면서 고객사의 의사결정 프로세스를 이해하는 것

은 신뢰를 구축하고 협력을 강화하는 데 필수적이다. 의사결정 과정은 단순한 거래를 넘어, 고객사의 니즈를 충족하고 장기적인 파트너십을 형성하는 전략의 출발점이 되기 때문이다. 반려동물 사료 산업에서도 이러한 이해는 매우 중요했다. 고객사마다 요구 사항과 시장 상황이 다르기 때문에, 그들의 의사결정 과정을 면밀히 분석하고 이에 맞춘 대응이 필요한 것이다.

먼저, 고객사의 니즈를 분석하는 과정에서 깨달은 점은 고객사는 효율성과 편리성을 우선시한다는 것이다. 고객사는 일반적으로 다양한 제품군을 단일 공급자로부터 구매하는 '원스톱 쇼핑'을 선호한다. 이는 구매와 관리의 복잡성을 줄이고 비용을 절감하는 데 큰 도움을 주므로 당연히 일순위로 선호된다.

고객사의 구매 의사결정 과정은 일반적으로 다음과 같은 단계로 이루어진다. 첫째, 문제 인식 단계에서 고객사는 기존 제품군의 부족이나 시장 요구의 변화를 인지하고 새로운 제품이 필요하다고 판단한다. 둘째, 대안 탐색 단계에서는 당사와 경쟁사의 제품 및 조건을 비교하며 최적의 선택지를 검토한다. 셋째, 결정권자의 승인 단계에서 고객사의 상급 관리자나 최고 경영자가 최종 계약 여부를 결정한다. 마지막으로 계약 체결 및 실행 단계에서는 공급 계약 체결 후 제품의 품질, 납기, 지원 사항 등이 평가된다. 이처럼 다단계 의사결정 구조를 이해하고 각 단계에서 필요한 정보를 제공하는 것은 고객사의 신뢰를 얻는 중요한 요소가 된다.

이러한 의사결정 과정을 이해하고 대응하는 것은 단순히 고객사의 요구를 충족시키는 것을 넘어, 고객사와의 관계를 심화시키고 신뢰를 공고히 하는 데 중요한 역할을 한다. 이러한 노력은 고객사가 당사와의 협력을 통해 장기적인 가치를 얻고 있다는 확신을 가지게 하며, 결과적으로 양측 모두의 성공에 기여하게 된다.

이제, 고객사와의 관계를 구축하며 얻은 실질적인 경험과 사례를 몇 가지 나누어 보려고 한다. 독자들은 이러한 사례를 통해 고객사의 요구에 대응하기 위한 방안을 어떻게 마련했는지, 그리고 그 방안을 실행하여 고객사와의 신뢰를 어떻게 쌓을 수 있었는지에 대해 구체적으로 이해할 수 있을 것이다.

2. 고객 신뢰 형성의 중요성

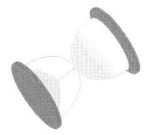

　B2B 비즈니스에서 고객과의 신뢰는 단순히 비즈니스 성과를 결정하는 요소에 그치지 않는다. 신뢰는 거래 관계의 안정성을 보장하고, 예상치 못한 위기를 극복할 수 있는 사업의 든든한 기반이 된다. 특히 반려동물 사료 산업처럼 고객사 중 상당수가 영세하거나 담보 없이 거래를 진행하는 경우, 신뢰는 더욱 중요한 의미를 가진다. 문제가 예상되는 거래처가 발생하면, 나는 즉시 영업 팀으로부터 해당 거래처를 직접 관리하며 위험을 최소화하는 방안을 모색했다. 때로는 미수금 회수나 물품 공급 중단 같은 결단을 내리기도 했지만, 이는 신뢰가 바탕이 되었기에 가능했다. 거래처와의 신뢰가 없다면 이처럼 민감한 문제를 조율하는 것은 불가능했을 것이다.

　이 파트에서는 장기적인 파트너십을 유지하기 위한 전략과 신뢰를 구축하는 효과적인 커뮤니케이션 방법을 다룰 것이다. 또한, 거래처와 신뢰를 쌓으며 얻은 교훈과 사례를 통해, B2B 관계에서 신뢰가 어떤 방식으로 형성되고 유지되는지를 구체적으로 살펴볼 예정이다. 신뢰는 단순히 비즈니스의 한 요소가 아닌, 관계의 지속 가능성을 보장하는 가장 중요한 자산임을 강조하고자 한다.

1) 장기적인 파트너십 유지 전략

B2B 비즈니스에서 장기적인 파트너십을 유지하기 위해 가장 중요한 것은 고객사의 니즈를 정확히 이해하고, 그들의 성장과 함께 발전할 수 있는 비즈니스 모델을 구축하는 것이다. 고객사와의 관계는 단순한 거래 관계를 넘어 상호 발전을 위한 전략적 동반자 관계로 전환될 때 진정한 가치를 발휘한다. 이를 실현하기 위해 나는 몇 가지 핵심 전략을 실행했다.

장기적인 파트너십을 유지하기 위해서는 고객 맞춤형 접근이 필수적이다. 고객사마다 고유한 요구와 시장 상황이 다르기 때문에, 그들의 필요를 깊이 이해하고 이를 충족시킬 수 있는 차별화된 솔루션을 제공하는 데 초점을 맞췄다. 이는 단순히 고객의 요구를 수동적으로 수용하는 것이 아니라, 그들의 비즈니스 목표와 시장 전략을 공유하며 동반자로서 함께 성장하는 데 중점을 둔 접근이었다.

이 과정에서 R&D 역량 강화는 핵심적인 요소였다. 고객의 요구가 변화하거나 새롭게 제기될 때, 이를 신속히 반영할 수 있는 유연성과 기술력을 갖추는 것이 중요했다. 제품 개발 사이클을 단축하고 고객사와의 협업을 강화하여, 단순히 제품을 공급하는 것을 넘어 고객사의 성공을 지원하는 파트너로 자리매김할 수 있었다. 이러한 지속적인 협력은 고객사가 우리를 단순한 공급자가 아니라, 그들의 비즈니스 목표를 실현하는 데 없어서는 안 될 전략적 동반자로 인식하게 만들었다.

또한, 거래처와 함께 성장할 수 있는 공동 목표를 설정하는 것이 중요했다. 고객사의 성공은 곧 나의 성공이라는 철학 아래, 고객사의 시장 점유율 확대를 지원하기 위해 맞춤형 전략을 제안하고 필요한 지원을 아끼지 않았다. 예를 들어, 특정 고객사의 요구에 따라 독점적인 제품군을 개발하고, 이를 통해 해당 고객사가 시장 내에서 경쟁력을 강화할 수 있도록 도왔다. 이러한 노력을 통해 고객사들은 우리 회사를 단순한 공급자가 아닌 신뢰할 수 있는 동반자로 인식하게 되었다.

고객사의 신뢰를 얻는 과정에서 고객사 간의 카니발리제이션(시장 내 고객사 간의 불필요한 경쟁)을 방지하는 것은 B2B 관계에서 매우 중요한 과제 중 하나다. 동일한 제품을 여러 고객사에 제공할 경우, 시장에서의 경쟁이 심화되어 고객사 간 관계가 악화될 가능성이 높으므로 이 부분은 영업에서 늘 고려되어야 한다. 카니발리제이션(고객사 간 경쟁)을 방지하기 위해 나는 각 고객사에 맞춤형 제품을 설계하여 공급했다. 이를 통해 고객사 간의 시장 경쟁을 최소화하고, 고객사 각각의 사업 성공을 지원하며 신뢰를 강화할 수 있었다. 이러한 맞춤형 접근은 단순히 제품을 판매하는 것을 넘어, 고객사의 비즈니스 목표를 이해하고 이를 지원하는 파트너로 자리매김할 수 있는 중요한 기반이 된다.

위기 상황에서의 신속한 대처와 문제 해결 능력 역시 파트너십 유지에 중요한 역할을 했다. 나는 고객사와의 커뮤니케이션을 지속하며, 문제 해결의 모든 단계를 투명하게 공유했다. 이러한 대응은 고객사로 하여금 나와 우리 회사가 문제를 함께 해결할 수 있는 신뢰할 만한 파트너임을 확신하게 만들었고, 관계를 한층 더 강화하는 계기가 되었다.

마지막으로, 지속적인 정보 공유와 협력은 장기적인 파트너십을 유지하는 데 필수적인 요소였다. 나는 시장 데이터를 고객사와 공유하며, 새로운 트렌드와 시장 변화에 대한 통찰을 제공했다. 이를 통해 고객사들은 우리 회사가 단순히 제품을 공급하는 데 그치지 않고, 시장 변화에 민첩하게 대응할 수 있는 전략적 파트너라는 인식을 갖게 되었다. 이러한 정보 공유는 고객사와의 협력을 더욱 강화하며, 양측이 함께 시장의 도전에 대응할 수 있는 기반을 마련했다.

장기적인 파트너십은 신뢰와 협력을 기반으로 한다. 고객사의 니즈를 충족시키고, 함께 성장할 수 있는 방향을 지속적으로 모색하며, 문제를 해결하고 정보를 공유하는 과정에서 관계는 더욱 견고해진다. 이를 통해 비즈니스는 단순한 거래를 넘어 상호 발전을 위한 동반자 관계로 발전한다.

2) 신뢰 구축을 위한 효과적인 커뮤니케이션 방법

고객과의 신뢰는 단순히 제품과 서비스의 품질에서만 비롯되지 않는다. 정직하고 투명한 커뮤니케이션은 신뢰를 구축하고 관계를 강화하는 가장 기본적인 요소다. 나는 이를 실현하기 위해 다양한 방법을 실천하며 고객사와의 관계를 더욱 공고히 하고자 했다.

신뢰는 투명성과 정직성에서 출발한다. 거래 조건, 가격 정책, 품질 관리 등 모든 비즈니스 과정에서 투명성을 유지하기 위해 노력했다. 고객이 제품 품질에 의구심을 제기한 적이 있었을 때, 고객을 공장으로 초청해 생산 공정을 직접 확인하게 하거나 품질 관리 시스템을 상세히 설명함으로써 신뢰를 회복했다. 이러한 투명한 접근은 고객에게 내가 숨기는 것이 없으며 약속을 지키는 파트너라는 확신을 심어 주었다.

주기적인 소통과 피드백 역시 효과적인 커뮤니케이션의 핵심이었다. 고객사와 정기적으로 미팅을 열어 그들의 니즈와 불만 사항을 수집하고, 이에 대한 개선안을 신속히 공유했다. 이 과정을 통해 고객사에게 우리가 그들의 의견을 진지하게 듣고, 비즈니스 프로세스를 개선하려는 의지를 가지고 있음을 느끼게 했다. 한 고객사는 정기적인 피드백 세션을 통해 제안한 아이디어가 실제로 적용되는 모습을 보고, 우리와의 협력을 더욱 가치 있게 여겼다.

  비즈니스 관계에서 인간적인 유대감을 형성하는 것 또한 간과할 수 없는 요소다. 나는 고객사 담당자들과의 대화를 업무적인 범위를 넘어 일상으로까지 확장하고자 했다. 개인적인 관심사나 고민을 나누며, 그들과 인간적인 유대를 형성했다. 예를 들어, 한 고객사 담당자가 새로운 취미를 시작했을 때 이를 격려하고 관련 정보를 공유하며 관계를 더욱 가까워지게 만들었다. 이러한 소통은 단순한 비즈니스 파트너 관계를 넘어서 신뢰와 유대를 구축하는 데 큰 기여를 했다.

  결국, 신뢰를 구축하는 커뮤니케이션은 투명성, 정기적인 소통, 신속한 대응 그리고 인간적 유대감의 조화에서 비롯된다. 이러한 접근은 고객사에게 우리가 단순히 제품을 판매하는 공급자가 아니라, 그들의 성공을 함께 도모하는 동반자라는 확신을 심어 주는 데 매우 효과적이었다.

3. B2B 환경에서의 위기관리

B2B 비즈니스에서 위기는 예기치 못한 순간에 찾아오며, 그 규모와 영향은 종종 비즈니스 전반에 걸쳐 치명적일 수 있다. 그러나 위기를 어떻게 관리하느냐에 따라 고객과의 관계는 단순히 회복을 넘어 강화되기도 한다.

내가 겪었던 다양한 위기 상황들은 품질 관리, 신용 평가 그리고 갈등 해결의 중요성을 다시금 깨닫게 해 주었고, 이를 통해 회사의 지속 가능성과 고객 신뢰를 공고히 다질 수 있었다. 이 장에서는 고객과의 관계에 심각한 위기가 닥쳤을 때 극복해 나갔던 사례를 공유함으로써 고객과의 신뢰 형성에 있어서 위기관리가 얼마나 중요한가를 강조해 보고자 한다.

1) 대규모 반품 사태 해결

창업 후 약 7년 차, 제품 개발과 판매가 활발히 이루어지던 시기에 예상치 못한 큰 위기가 찾아왔다. 배합 과정에서의 실수로 인해 제품에서 곰팡이가 발생하며 대규모 반품 사태가 벌어진 것이다. 문제의 제품은 월 평균 매출의 70% 이상을 차지하던 핵심 상품이었기에, 이 사태는 회사의 재정에 치명적인 영향을 미쳤다. 반품된 제품을 전량 소각해야 했으며, 이로 인해 한 달 치 매출의 대부분을 잃는 상황에 처했다.

문제가 발생하자마자 나는 즉시 문제 원인을 분석하기 위한 태스크 포스를 구성했다. 생산 공정과 배합 과정의 세부 단계를 하나씩 점검하며, 곰팡이가 발생한 이유를 찾아내는 데 주력했다. 원인은 특정 원료의 배합 비율에서 비롯된 것으로 확인되었다. 이 일은 단순한 문제 해결에 그치지 않고, 생산 공정을 보다 체계적으로 점검하고 개선해야 한다는 깨달음을 주었다.

하지만 문제 해결은 단순히 내부적인 공정 개선에 그칠 수 없었다. 대규모 반품 사태로 인해 고객사들과의 신뢰가 위태로워질 가능성이 컸기 때문이다. 나는 손실을 감수하면서도 고객사들과 신속히 소통하며 대체 제품을 제공했다. 고객사들이 이 문제로 인해 입은 손실을 최소화할 수 있도록 지원 방안을 마련했으며, 모든 과정을 투명하게 공개함으로써 신뢰를 회복하는 데 주력했다. 이러한 대응은 고객사들이 당사와의 협력을 지속할 수 있는 이유가 되었고, 결과적으로 위기를 극복할 수 있는 기반이 되었다.

이 경험은 단순히 위기를 해결하는 데 그치지 않고, 회사 내부적으로도 중요한 변화를 이끌어 냈다. 문제 해결 이후, 나는 품질 관리 시스템을 전면적으로 강화했다. 새로운 공정 점검 프로세스를 도입하고, 모든 직원들에게 철저한 품질 관리 교육을 실시했다. 품질 관리 팀은 제품 생산의 초기 단계부터 완성품까지 모든 과정을 면밀히 검토하며, 재발 방지 대책을 마련했다. 이러한 변화는 단순히 제품의 품질을 높이는 것을 넘어, 회사가 지속 가능한 성장을 이루는 데 필수적인 요소로 자리 잡았다.

이 사건은 품질 관리가 단순히 제품의 완성도를 높이는 차원을 넘어, 회사의 생존과 고객 신뢰에 직결된다는 점을 다시금 깨닫게 해 주었다.

고객사들은 우리의 신속하고 책임 있는 대응에 깊은 인상을 받았고, 이 사건을 계기로 관계가 더욱 견고해졌다. 품질 관리의 중요성을 깨닫고 이를 조직 전반에 체계적으로 반영함으로써, 나는 이 위기를 회사의 발전을 위한 중요한 전환점으로 삼을 수 있었다.

2) 고객사의 재정 상태 모니터링 및 평가

B2B 비즈니스에서는 고객사의 재정 상태와 신용을 정확히 파악하는 것이 거래의 성패를 좌우한다. 특히 창업 초기에는 거래 위험을 최소화하고 안정적인 비즈니스 기반을 구축하기 위해 신용 평가가 필수적이었다. 고객사가 재정적으로 안정적인 상태인지, 또는 잠재적인 위험이 없는지를 미리 파악하지 못하면 거래 관계는 쉽게 위태로워질 수 있다.

고객사의 상태를 잘 모니터링하여 리스크를 피할 수 있었던 사례를 하나 소개하고자 한다. 평소 신용을 잘 쌓고 있었던 주요 거래처 중 하나에서 평소와 다르게 결제 지연이 반복되고, 소통 과정에서 미묘한 이상 신호가 포착된 적이 있었다. 그 시점부터 나는 이를 단순한 행정적 문제로 간과하지 않고, 고객사의 내부 상황과 재정 상태를 심층적으로 조사했다. 조사 결과, 해당 거래처가 재정적 어려움에 처해 있다는 사실을 미리 파악할 수 있었다. 이에 따라 나는 거래 조건을 조정하고 결제 방식을 변경하며 잠재적인 손실을 사전에 방지할 수 있었다.

이 경험은 거래 전 충분한 신용 조사가 얼마나 중요한지를 다시 한 번 깨닫게 해 주었다. 신용 평가는 단순히 거래를 승인하기 위한 절차가 아니라, 거래 관계 전반의 안정성을 확보하는 필수적인 도구였다. 하지만 신용 조사는 거래 초기에만 필요한 것이 아니었다. 거래가 진행되는 동안에도 고객사의 재정 상태를 지속적으로 모니터링하고, 작은 신호에도 민감하게 반응하며 적절한 조치를 취해야만 위험을 최소화할 수 있었다.

또 다른 고객사가 위 사례와 비슷한 결제 지연 상황을 보였을 때에도, 나는 과거의 경험을 토대로 즉각적인 대응에 나섰다. 해당 거래처의 담당자와의 긴밀한 소통을 통해 문제의 근본 원인을 확인했고, 수차례 협의한 결과 결제 방식에 대한 유연성을 제공하며 거래 관계를 유지할 수 있었다. 이러한 노력은 고객사로 하여금 우리가 그들의 상황을 이해하고, 단순히 거래를 넘어 동반자적 관계를 추구한다는 신뢰를 심어 주는 부가적인 효과도 가져다주었다.

신용 평가와 재정 상태 모니터링은 단순히 손실을 방지하기 위한 수단에 그치지 않는다. 이는 고객사와의 관계를 보다 깊이 이해하고, 장기적인 파트너십을 구축하는 중요한 기회가 된다. 거래 초기와 진행 과정에서의 신뢰할 수 있는 신용 평가는 회사의 지속 가능성을 보장하며, 고객사로 하여금 우리가 믿을 수 있는 파트너라는 확신을 가지게 하는 데 핵심적인 역할을 한다는 것을 반드시 기억해야 한다.

4. B2B에서 기회를 창출하는 전략, 신규 고객의 지속적 확보

　B2B 비즈니스에서 새로운 기회를 창출하는 것은 단순히 잠재 고객을 확보하는 데 그치지 않는다. 이는 고객의 문제를 해결하고, 그들과 신뢰를 기반으로 한 관계를 형성하며, 장기적인 성장을 도모하는 전반적인 과정이다. 특히, 경쟁이 치열한 시장 환경에서 성공적인 고객 유치는 혁신적인 접근법과 차별화된 전략을 요구한다. 나는 창업 초기부터 이러한 철학을 바탕으로 맞춤형 솔루션과 기술 혁신을 통해 신규 고객을 확보하고, 지속 가능한 관계를 구축하기 위해 노력했다. 이 장에서는 어떻게 성공적으로 고객을 유치하고 사업 기회로 연결할 것인가에 대하여 내가 전개했던 전략에 대해 설명해 보겠다.

　창업 초기, 경쟁이 치열한 주식 시장 대신 간식 시장에 주력한 전략은 우리 회사가 고객 유치에서 성공할 수 있었던 중요한 이유였다. 대기업이 강세를 보이는 영역을 피하고, 상대적으로 경쟁이 덜한 시장에서 독창적인 접근을 시도한 것이다. 이를 위해 연구개발(R&D) 역량을 강화하고 고객의 요구를 면밀히 분석하며 맞춤형 솔루션을 제공한 것이 주요한 성공 요인으로 작용했다.

　한 고객사가 피부 건강을 위한 사료 개발을 요청했을 때의 사례는 이러한 전략의 대표적인 성공 사례다. 단순히 고객의 요청을 수용하는 데 그치지 않고, 그들의 요구를 세부적으로 분석한 뒤 시장 조사와 경쟁사 분석을 병행했다. 경쟁사의 제품 특징과 소비자 반응을 철저히 파악한 뒤, 차별화된 아이디어를 바탕으로 독창적인 제품을 설계했다. 이 과정에서 최적의 원료를 선정하고, 패키지 디자인까지 고객사와 협의하며 세심하게 조정했다. 최종 제품은 시장에서 긍정적인 반응을 얻었고, 고객사는 새로운 소비자층을 확보하며 시장 내 입지를 강화할 수 있었다. 이 성공 사례는 고객의 요구를 충족시키는 동시에, 그들이 시장에서 차별화된 가치를 제공할 수 있도록 돕는 것이 얼마나 중요한지를 보여 주었다.

또 다른 사례로, 한 고객사가 ODM 방식으로 특정 제품 개발을 요청했을 때, 나는 직접 고객사와의 미팅에 참여해 신뢰를 구축했다. 미팅 과정에서 고객의 요구를 경청하고, 제품 설계부터 마케팅 전략까지 함께 논의하며 최적의 솔루션을 제안했다. 구체적으로는 고객사의 목표 시장에 적합한 기능성 원료를 추천하고, 패키지 디자인과 가격 경쟁력을 고려한 제품 출시 전략을 함께 설계했다. 이러한 직접적인 참여는 고객사에게 깊은 신뢰를 심어 주었고, 이를 통해 단기적인 계약이 아닌 장기적인 거래 관계로 발전할 수 있었다.

국내산 원료를 활용한 제품 개발 역시 고객 유치에서 중요한 역할을 했다. 수입 원료에 의존하던 고객사들에게 국산화된 대안을 제시하며 안정적인 공급망과 원가 절감 효과를 제공했다. 한 고객사는 수입 원료의 공급망 불안정으로 인해 어려움을 겪고 있었는데, 나는 국내산 원료를 사용한 제품 개발을 통해 이러한 문제를 해결했다. 결과적으로 고객사는 비용 절감 효과와 안정적인 공급을 경험할 수 있었고, 이는 우리 회사에 대한 신뢰를 크게 높였다. 이 사례는 비용 효율성을 중요시하는 고객사의 관심을 끌며 신규 고객을 확보하는 데 있어 큰 성과를 가져왔다.

이러한 사례들은 고객의 요구를 깊이 이해하고, 혁신적인 제품과 맞춤형 솔루션을 제공하며 신뢰를 구축하는 과정이 얼마나 중요한지를 잘 보여 준다. 단순히 제품을 판매하는 것을 넘어, 고객이 시장에서 성공할 수 있도록 전략적 지원을 아끼지 않은 것이 우리 회사가 지속 가능한 성장을 이룰 수 있었던 이유다.

5. 거래처와의 관계에서 깨달은 비즈니스의 본질

비즈니스에서 거래처와의 관계는 단순히 제품을 사고파는 거래로 끝나지 않는다. 고객의 신뢰를 얻고, 그들의 성공을 돕는 과정에서 관계는 단순한 거래를 넘어선 동반자적 파트너십으로 발전할 수 있다. 나는 경영자의 직접 영업과 對고객 관계 관리를 통해 이러한 본질을 깊이 깨달았으며, 이를 바탕으로 지속 가능한 성장을 이루는 데 중요한 교훈을 얻었다.

이 파트에서는 단순한 거래를 넘어 고객과 동반자 관계로 발전하는 법과 직접 영업 및 고객 관계 관리를 통해 얻은 인사이트를 다룰 것이다. 고객과의 소통과 협력에서 비롯된 나의 경험들이 비즈니스의 본질을 이해하고, 이를 기반으로 더 나은 성장을 도모하는 것에 독자들에게도 중요한 방향성을 제공할 수 있기를 기대해 본다.

1) 직접 영업을 통해 얻은 인사이트: 현장을 보고 답을 내는 CEO

직접 영업은 단순히 제품을 판매하는 활동을 넘어, 고객과의 직접적인 소통을 통해 그들의 문제를 이해하고 해결책을 제시하는 중요한 과정이다. 이를 통해 나는 현장 중심의 실질적 이해, 시장 변화에 대한 민첩한 대응, 맞춤형 접근의 중요성을 배울 수 있었다. 앞서 고객의 신뢰 형성과 관련하여 언급한 여러 사례들은 결국 모두 내가 직접 영업을 통해 얻은 인사이트를 기반으로 해결된 것이었다.

가장 먼저 직접 영업을 통해 나는 현장 중심의 실질적 이해를 통해 고객의 니즈를 정확히 파악할 수 있었다. 고객과 직접 대화하며 표면적인 요구를 넘어, 그들이 처한 상황과 문제를 심도 있게 이해할 수 있었던 것이다. 앞서 언급했던 거래처의 결제 지연을 조기에 파악하고 대비했던 것은 결국 현장에서 고객사와 직접 소통하였기 때문이다. 그 덕에 문제의 원인이 단순한 행정적 문제가 아니라 재정적 어려움이라는 사실을 조기에 파악할 수 있었다. 이 인사이트를 활용해서 나는 거래 조건을 조정했고 그것은 손실을 방지하는 데 큰 도움을 주었다. 고객의 환경과 문제를 현장에서 직접 관찰하고 파악하는 것은 단순히 데이터 분석으로는 얻을 수 없는 깊이 있는 이해를 제공했다.

다음으로는 시장 변화에 민첩하게 대응할 수 있었다. 직접 영업을 통해 얻은 정보는 시장의 변화 신호와 경쟁사의 동향을 빠르게 감지할 수 있는 중요한 자료가 되었다. 대규모 반품 사태를 해결했던 사례에서도, 고객사와의 지속적인 소통을 통해 문제의 원인을 정확히 이해하고 대체 제품을 신속히 제공할 수 있었다. 이 과정에서 얻은 교훈은 단순히 문제를 해결하는 것을 넘어, 시장 변화와 고객 요구에 선제적으로 대응하는 능력이 중요하다는 점이었다. 이러한 민첩한 대응은 고객의 신뢰를 유지하고, 관계를 한층 더 견고히 만드는 데 기여했다.

마지막으로 직접 영업의 경험이 쌓이면서 맞춤형 접근의 중요성을 깊이 깨닫게 되었다. 고객의 요구를 정확히 파악하고, 이를 바탕으로 차별화된 제품과 솔루션을 제공함으로써 관계를 더욱 발전시킬 수 있었던 것이다. 대표적으로, 이미 언급했던 ODM 방식의 맞춤형 제품 개발 요구 사례에서 나는 고객사의 요구를 세세히 분석하고, 제품 설계, 원료 선택, 포장 디자인까지 제안하며 기대 이상의 가치를 제공했다. 이러한 맞춤형 접근은 단순히 고객을 만족시키는 것을 넘어, 그들과의 관계를 동반자적 파트너십으로 발전시키는 데 중요한 역할을 했다.

결국, 앞서 언급한 모든 사례들은 내가 직접 영업을 통해 얻은 인사이트를 기반으로 해결할 수 있었다. 고객과의 대면 소통은 단순히 제품을 판매하거나 문제를 해결하는 데 그치지 않고, 고객사의 신뢰를 공고히 하고 장기적인 협력 관계를 구축할 수 있는 기회를 제공했다. 최고 경영자인 내가 직접 영업에 나섬으로써 고객의 요구와 시장 환경을 실질적으로 이해하고, 그에 맞는 솔루션을 제시하여 비즈니스의 성공으로 이어졌음은 의심할 여지가 없다.

2) 고객 관계 관리를 통해 얻은 인사이트: 비즈니스의 핵심은 관계다

고객과의 관계는 단순한 거래를 넘어 장기적인 파트너십으로 발전할 수 있는 중요한 기반이다. 나는 고객과의 관계를 관리하는 과정에서 투명성과 일관성, 고객사의 성장 지원 그리고 인간적 유대감이 신뢰를 구축하고 관계를 강화하는 핵심임을 깨달았다. 이러한 원칙들은 앞서 언급한 많은 사례들을 성공적으로 해결하는 데 중요한 역할을 했다.

첫째, 신뢰는 투명성과 일관성에서 비롯된다는 것을 실감했다. 고객과의 관계에서 항상 투명하게 소통하고, 약속한 바를 일관되게 지키는 것이 신뢰를 구축하는 핵심이었다. 품질 문제로 대규모 반품 사태를 겪었을 때, 나는 문제를 즉시 파악하고 고객사와 긴밀히 소통하며 신속히 대체 제품을 제공했다. 이 과정에서 단기적인 손실을 감수하더라도 고객과의 신뢰를 유지하는 것이 장기적인 성공으로 이어진다는 사실을 다시금 깨달았다. 이러한 투명한 문제 해결 과정은 고객사로 하여금 우리 회사를 신뢰할 수 있는 파트너로 인식하게 했고, 이후의 협력을 더욱 강화하는 계기가 되었다.

둘째, 고객사의 성장을 돕는 것이 곧 우리의 성장으로 이어진다는 점을 배웠다. 고객의 니즈를 경청하고 이를 기반으로 맞춤형 제품과 솔루션을 제공하면서, 고객사가 시장에서 성공할 수 있도록 돕는 것이 우리의 비즈니스 성과로 이어졌다. 한 고객사가 반려동물의 피부 건강을 위한 사료 개발을 요청했던 적이 있었다. 그때 나는 그들의 요구를 철저히 분석하고 시장 조사와 경쟁사 분석을 병행해 독창적인 제품을 설계했다. 이 제품은 고객사의 시장 점유율을 확대하는 데 기여했으며, 이는 우리 회사와 고객사의 관계를 단순한 거래를 넘어 동반자적 파트너십으로 발전시키는 계기가 되었다.

셋째, 인간적 유대감의 중요성을 깊이 깨달았다. 비즈니스적 대화뿐만 아니라 개인적인 관심사를 공유하며 인간적인 관계를 형성하는 것이 위기 상황에서도 관계를 유지하는 데 큰 도움이 되었다. 고객사 담당자들과의 개인적인 대화도 놓치지 않다 보니 그들의 새로운 취미나 관심사를 알게 되었고, 이를 바탕으로 유대감을 형성할 수 있었다. 이러한 인간적인 관계는 업무적으로 발생할 수 있는 갈등이나 어려움이 있을 때, 문제를 원활히 해결할 수 있는 기반이 되어 주었다. 인간적 유대감은 단순히 업무를 넘어서 신뢰를 강화하고, 장기적인 협력을 가능하게 하는 중요한 요소였던 것이다.

결국, 앞서 언급한 사례들은 모두 내가 고객과의 관계를 관리하며 얻은 인사이트를 바탕으로 성공적으로 해결할 수 있었던 것들이다. 고객 관리에서의 투명성과 일관성, 고객사의 성공을 돕는 동반자적 접근 그리고 인간적 유대감을 지속적으로 추진한 것은 단기적인 성공을 넘어 장기적인 비즈니스 성과를 가능하게 하는 핵심이었다.

3) 신뢰를 넘어 동반자로: 직접 영업과 고객 관리에서 얻은 교훈

직접 영업과 고객 관리를 통해 얻은 가장 큰 깨달음은, 고객과의 관계는 단순한 거래를 넘어 신뢰를 기반으로 한 동반자적 파트너십으로 발전할 수 있다는 점이다. 이러한 관계는 비즈니스의 성패를 결정짓는 중요한 요소이며, 이를 실현하기 위해 경영자로서 반드시 기억하고 적용해 볼 수 있는 몇 가지 원칙이 있다.

첫째, 대표의 직접적인 참여는 신뢰를 극대화한다는 점이다. 고객과의 관계에서 대표의 역할은 단순히 회사의 얼굴로 끝나는 것이 아니다. 고객과 직접 만나 문제를 논의하고 해결 과정에 참여함으로써, 고객은 회사에 대한 신뢰를 넘어서 대표 개인에게까지 신뢰를 가지게 된다. 이러한 신뢰는 고객과의 관계를 강화하고, 장기적인 협력으로 이어지는 기반이 된다. 다른 경영자들도 중요한 고객과의 관계에서 직접적인 역할을 수행하며, 고객이 "이 회사는 나를 진정으로 이해하고 지원한다."라고 느낄 수 있도록 노력해야 한다.

둘째, 데이터와 직관을 조화롭게 활용해야 한다는 점이다. 데이터 분석은 고객의 니즈를 파악하고 비즈니스 전략을 수립하는 데 필수적이지만, 현장에서 느껴지는 미묘한 신호와 직관은 데이터만으로는 얻을 수 없는 통찰을 제공한다. 고객과 직접 대면하는 과정을 통해 얻는 직관적 정보는 시장 변화를 예측하거나 위험을 조기에 발견하는 데 매우 유용하다. 따라서 경영자들은 데이터를 분석하는 것에만 의존하지 말고, 현장을 직접 경험하며 직관적인 판단력을 함께 발휘해야 한다.

셋째, 단기 손실보다 장기적인 신뢰가 더 중요하다는 점이다. 고객과의 관계에서 단기적인 이익을 위해 신뢰를 희생하는 것은 결국 장기적인 비즈니스 성과를 약화시킬 수 있다. 고객이 문제를 겪을 때, 손실을 감수하더라도 이를 해결하고 고객의 요구를 충족시키는 데 주력해야 한다. 이는 고객에게 진정성을 전달하며, 장기적으로 더 큰 협력과 성장을 가능하게 한다. 경영자들은 항상 "지금의 선택이 장기적으로 신뢰와 성장을 가져올 수 있는가?"라는 질문을 스스로에게 던져야 한다.

결론적으로, 직접 영업과 고객 관계 관리에서 내가 얻은 교훈은 단순히 고객과의 문제를 해결하는 데 그치지 않고, 신뢰를 바탕으로 한 동반자적 관계를 형성해야 한다는 것이었다. 이러한 교훈은 다른 경영자들에게도 유효하다. 고객과의 관계에서 진정성과 책임감을 보여 주고, 데이터를 활용하며 직관을 발휘하고, 단기적인 손익보다는 장기적인 협력과 신뢰를 우선시한다면, 비즈니스는 단순한 거래를 넘어 지속 가능한 성장의 길로 나아갈 수 있을 것이다.

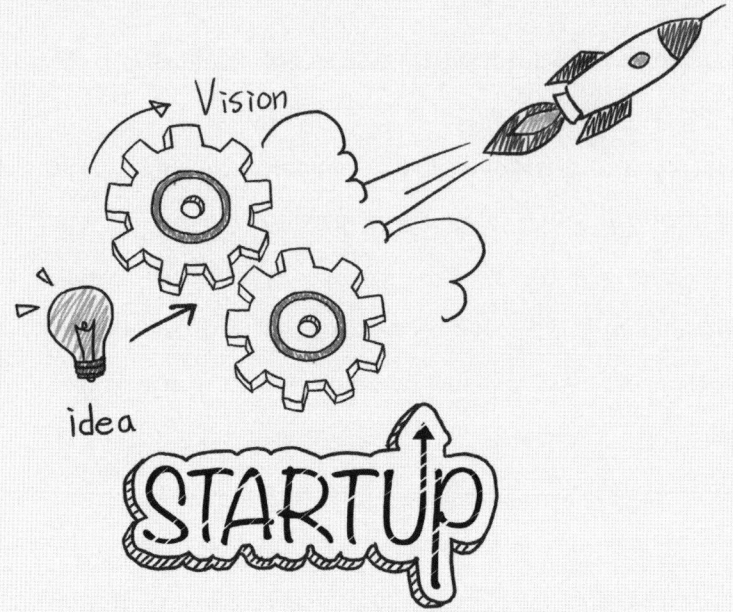

6부

성공적인 Exit 경험 공유

1. Exit(성과 회수)에 대해 이해하기

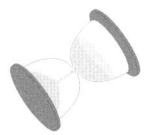

1) 개념

Exit(성과 회수)는 창업자가 기업을 통해 창출한 가치를 자금으로 회수하는 중요한 과정이다. 기업이 성장한 후 창업자가 그 성과를 현금화할 수 있는 방법으로서, 창업자의 경영 여정에서 매우 중요한 순간이다. Exit는 단순히 기업을 매각하는 것이 아니라, 그동안의 노력을 결실로 만들어 새로운 기회를 모색하거나 재투자할 수 있는 기반을 마련하는 것이다.

2) Exit의 목표와 시점

Exit는 기업의 가치가 최고조에 달했을 때 이루어지는 것이 이상적이다. 기업의 성장 잠재력이 인정되는 시점에서 회수하는 것이 가장 유리하며, 이때 창업자는 최대한의 이익을 실현할 수 있다. 또한, 성과 회수는 기업의 리스크를 줄이고, 더 나은 선택의 폭을 제공할 수 있다. 기업을 계속해서 운영할지, 새로운 사업 기회를 모색할지에 대한 전략적 결정을 내리기 위해서는 올바른 시점에서 Exit가 이루어져야 한다.

3) Exit 방법

Exit는 여러 가지 방법으로 이루어질 수 있으며, 각 방법은 기업의 상황과 창업자의 목표에 따라 다르게 선택될 수 있다.

① IPO(기업공개): 창업자는 주식을 시장에 상장하여 자금을 회수할 수 있다. IPO는 창업자뿐만 아니라 투자자들에게도 자금을 회수할 기회를 제공하는 주요 수단이다.

② **M&A(인수합병)**: 다른 기업에 회사를 매각하거나 합병하는 방식으로 회수할 수 있다. M&A는 특히 기업의 성장 가능성이 높은 상황에서 빠른 회수를 위한 효과적인 전략이다.

③ Cash Cow: 기업이 성숙기에 접어들었을 때, 신규 투자를 중단하고 매년 창출되는 현금 흐름을 유지하면서 자금을 회수하는 방법이다. 그러나 장기적으로는 경쟁력이 약화될 위험이 있다.

④ **전략적 파트너십 및 합작 투자**: 전략적 파트너십을 통해 지분 일부를 매각하거나, 합작 투자를 통해 기업의 자산을 일부 이전하는 방법이다. 이를 통해 부분적인 자금 회수가 가능하다.

우리나라에서 Exit라고 하면 대부분 상장(코스피, 코스닥)을 떠올리지만, 실제로 매년 상장하는 회사는 150개도 미치지 못한다. 이와 같은 상황을 고려하면, 수만에서 수십만 개의 회사가 매년 설립되는 현실에서 상장만을 Exit 방법으로 삼는 것은 현실적으로 한계가 있다.

그러나 상장 이외에도 M&A(인수합병)라는 효과적인 Exit 방법이 존재한다. 몇 가지 중요한 조건만 갖추면, 상장보다는 상대적으로 덜 복잡한 M&A를 통해서도 성공적인 Exit를 이룰 수 있다.

M&A를 통한 Exit의 성공을 위해서는 기업의 수익성, 투명한 재무 관리, 강력한 기술력 및 안정적인 고객 기반 등 몇 가지 조건을 충족시키는 것이 중요하다. 이러한 조건을 충족하면, 기업은 매력적인 인수 대상이 될 수 있으며, 상장이 어렵거나 적합하지 않은 기업이라도 M&A를 통해 높은 가치를 평가받고 매각할 수 있다.

따라서 상장 외에도 M&A를 고려하는 것이 훨씬 더 현실적이고, 다수의 기업에게 적합한 Exit 전략이 될 수 있다.

4) Exit 시 고려 사항

Exit 과정에서 가장 중요한 것은 기업 가치 평가와 시기 선택이다. 기업의 가치가 최대치에 도달했을 때 회수하는 것이 가장 이상적이며, 이를 위해서는 정확한 가치 평가가 필요하다. 또한, 시장 상황과 기업의 성장 잠재력을 고려하여 최적의 시점을 선택하는 것이 매우 중요하다. 회수의 시점은 창업자가 최대로 이익을 실현할 수 있는 시기와 맞물려야 한다.

2. 그렇다면, M&A는 왜 하는가?

M&A(인수합병)는 양도자(매각자) 입장에서 기업의 성과를 회수하고, 자금을 확보하기 위한 중요한 전략이다. 이를 통해 창업자나 주요 투자자들은 투자금을 회수하며, 새로운 기회를 찾거나 다른 사업을 시작할 수 있다. 양도자는 기업의 가치를 극대화하고, 매각 과정을 통해 기업이 더 큰 성장 잠재력을 가지게 할 수 있는 기회를 제공받게 된다.

1) 매각의 목적

매각자의 주요 목적은 자금 회수와 경영에서의 탈피이다. 창업자나 투자자는 사업의 성장을 보고 매각을 통해 투자 수익을 실현할 수 있으며, 더 이상 경영에 관여하지 않고자 할 때 매각을 선택하게 된다. 또한, 매각을 통해 더 큰 기업과 전략적 파트너십을 맺음으로써 회사의 가치가 더 크게 성장할 수 있는 기회를 제공한다.

2) 매각의 장점

M&A의 가장 큰 장점은 양도자가 즉각적인 자금 회수를 할 수 있다는 것이다. 매각을 통해 양도자는 성과를 실현하고, 새로운 기회를 모색할 수 있다. 또한, 회사 운영에서 발생하는 경영 리스크에서 벗어날 수 있는 것도 큰 장점이다. 매각자는 더 이상 경영에 대한 책임을 지지 않

으면서, 새로운 경영진 아래에서 더 크게 성장할 수 있는 회사의 가능성을 지켜볼 수 있다.

3) 매각의 단점

매각에는 몇 가지 단점도 따른다. 가장 큰 단점은 기업 통제권을 상실하게 된다는 점이다. 매각 이후, 양도자는 일부 회사의 지분을 소유하고 있다고 할지라도 더 이상 회사의 의사결정에 참여할 수 없으며, 회사가 어떻게 운영되는지에 대한 영향력을 잃게 된다. 또한, 인수자가 회사 조직을 재구성하거나 인력 감축을 단행할 가능성이 있어, 기존 직원들의 고용 안정성이 흔들릴 수 있다는 점도 매각자가 고려해야 할 부분이다.

4) 매각 시 주의해야 할 점

매각을 진행할 때 양도자는 몇 가지 중요한 사항을 고려해야 한다. 첫째, 기업 가치 평가를 정확하게 해야 한다. 매각자는 기업의 시장 가치를 제대로 평가하고, 적정한 가격에 매각될 수 있도록 준비해야 한다. 둘째, 매각 전에 법적 리스크를 철저히 점검해야 한다. 법적 문제가 있으면 매각 과정에서 인수자가 이를 문제 삼을 수 있으므로, 미리 문제를 해결하는 것이 중요하다. 셋째, 실사(Due Diligence) 과정에 철저히 대비해야 한다. 인수자가 실사를 통해 재무, 법무, 운영 상태 등을 꼼꼼히 점검할 수 있으므로, 이를 명확하게 준비해야 한다. 넷째, 양도자가 지분의 일부를 남겨 놓을 경우, 이 지분의 가치 평가와 양수자와의 관계 및 처분 방법에 대한 언급이 있어야 한다.

5) 성공적인 매각을 위한 전략

매각자가 성공적인 매각을 이루기 위해서는 전략적 인수자를 찾는 것이 중요하다. 단순히 자본을 제공하는 인수자보다, 회사의 장기적 성장을 이끌 수 있는 파트너를 선택하는 것이 이상적이다. 또한, 매각 과정에서 협상 능력을 발휘해 매각 후에도 회사의 운영이 안정적으로 유지될 수 있도록 거래 조건을 명확히 설정하는 것이 필요하다. 특히, 매각 후 경영 참여 여부를 명확히 하고, 인수자와의 역할 분담을 계약서에 명확히 명시해야 한다.

결론적으로, 양도자 입장에서 M&A는 자금을 회수하고 경영에서 손을 떼는 중요한 Exit 전략이다. 성공적인 매각을 위해, 매각자는 기업의 가치를 극대화하기 위한 철저한 준비가 필요하다. 이를 위해 기업 가치 평가를 정확하게 하고, 법적 리스크를 해결하며, 협상 준비를 완벽하게 갖추어야 한다. 매각 시점은 적절한 타이밍을 선택하는 것이 중요하며, 회사의 장기적 성장을 도울 수 있는 전략적 인수자를 찾아 매각을 이끌어 내야 한다.

한편, 회사가 성숙기에 접어들어 매출이 안정화되고 성장 가능성이 높을 때는 M&A를 진행한다면 더 높은 가치를 받을 수 있다. 절대 피해야 할 것은 회사가 어려워서 매각하는 상황이다. 어려운 상황에서의 매각은 매각가가 낮아질 가능성이 크기 때문에, 회사가 안정적이고 가치를 최대화할 수 있을 때 매각을 준비하는 것이 중요하다.

3. M&A 시 회사의 가치 올리기

 반려동물 사료 및 간식 관련 사업을 성장시키고, 향후 매각할 때 회사의 가치를 극대화하는 전략은 여러 가지 측면에서 접근할 수 있다. 이러한 전략들은 매각 시 더 높은 평가를 받기 위한 중요한 요소들이며, 회사의 경쟁력과 성장 가능성을 높이는 데 중점을 둔다.

1) 매출 및 수익의 성장과 미래 성장 가능성
 회사의 가치를 높이는 데 가장 중요한 요소는 수익성의 극대화다. 이를 위해서는 매출을 꾸준히 증가시키는 것뿐만 아니라, 비용 구조를 개선하여 이익을 최대화하는 것이 필요하다. 창업 초기에는 매출이 중요한 지표이지만, 매출만으로는 회사의 가치를 충분히 올릴 수 없다. 결국 높은 수익성이 인수자들에게 매력적으로 다가가며, 매각 시 더 높은 평가를 받게 되는 결정적인 요소다.

 매출과 수익의 성장은 회사의 가치를 평가하는 핵심 요소로, 지속적인 성장과 미래 성장 가능성이 확실할 때 회사의 가치는 더욱 높아진다. 이를 위해서는 장기적인 성장 계획을 제시하고, 그 계획을 입증할 수 있는 전략을 마련하는 것이 필수적이다. 특히, 비즈니스 모델과 수익 모델을 주기적으로 업데이트하여, 회사의 미래 가능성을 꾸준히 제시하는 것이 중요하다. 이를 통해 장기적인 비전과 성장 잠재력을 명확히 보여 줄 수 있어, 인수자들에게 더 높은 가치를 인정받을 수 있다.

2) 조직적 시스템 구축

많은 창업자들은 "이 회사는 내가 없으면 돌아가지 않아."라며 본인의 역할이 필수적이라는 점을 강조한다. 하지만 이러한 접근은 장기적인 관점에서 바람직하지 않다.

회사를 성공적으로 매각하려면, 창업자 없이도 안정적으로 운영될 수 있는 체계적인 조직 구조와 관리 시스템을 구축하는 것이 매우 중요하다. 매각 후 창업자가 회사에 남아 있지 않는 경우가 많기 때문에, 창업자가 부재하더라도 회사가 원활히 운영되는 구조를 만들어야 한다.

운영이 체계적으로 정립되어 있을수록, 인수자는 추가적인 관리 비용을 절감할 수 있고, 이는 회사의 가치를 높이는 중요한 요소로 작용한다. 즉, 창업자의 역할에 의존하지 않고도 독립적인 시스템을 구축하는 것이 성공적인 매각과 회사 가치를 극대화하는 데 필수적이다.

3) 브랜드 가치와 신뢰성 강화

브랜드는 반려동물 사료 및 간식 산업에서 매우 중요한 요소다. 다른 소비재 산업과 비교했을 때, 반려동물 사료 및 간식 분야에서는 아직 브랜드의 대중화가 충분히 이루어지지 않은 것이 사실이다. 그러나 신뢰할 수 있고 차별화된 가치를 제공하는 브랜드는 소비자에게 더 높은 충성도를 얻을 수 있다.

따라서 브랜드 가치를 강화하고 신뢰성을 구축하는 것이 매우 중요하다. 이는 단순히 시장에서 입지를 강화하는 데 그치지 않고, 매각 시 더 높은 평가를 받을 수 있는 중요한 근거가 된다. 브랜드가 확고할수록 소비자와 투자자에게 더 큰 가치를 인정받을 수 있기 때문이다.

4) R&D, 기술력 확보와 혁신

기술력은 회사 매각 시 가치 평가에 중요한 역할을 한다. 반려동물 사료와 간식 산업에서는 R&D를 통한 기능성 성분 개발이나 혁신적인 기술 도입을 통해 차별화된 제품을 제공할 수 있으며, 이는 미래 성장을 보장하는 요소로 인수자들에게 매우 매력적으로 다가간다. 특히 질병 예방을 위한 미생물 활용이나 대체 단백질을 적용한 혁신 기술은 더욱 높은 평가를 받을 수 있는 중요한 요소다.

이러한 기술력은 단순히 회사의 노하우로 유지하는 것도 중요하지만, 지식재산권의 등록을 통해 보호받고, 논문 발표를 통해 공신력을 인정받는 것도 좋은 전략이다. 이를 통해 회사는 기술적 우위를 확보할 뿐만 아니라, 인수자들에게 기술력의 신뢰성과 미래 성장 가능성을 확실하게 어필할 수 있다.

5) 제품 다각화

회사가 제공하는 제품군을 다양화하는 것도 중요한 전략이다. 다른 소비재 산업과 비교하여 반려동물 관련 산업은 매우 작은 조각들(Segments)로 이루어진 거대한 시장이다. 다양한 사료와 간식을 개발하여 여러 고객층을 확보하면, 매출 구조가 다변화되고 안정적인 수익을 창출할 수 있다. 이는 매각 시 위험을 줄이고, 더 큰 가치를 제공하는 중요한 요소로 작용한다.

6) 지속 가능한 경영

최근 소비자들은 환경을 고려한 제품과 지속 가능한 경영을 실천하는 기업에 대한 관심이 높아지고 있다. 친환경 원재료를 사용하거나 지속 가능한 경영 방식을 도입하면, 이러한 트렌드에 맞춰 소비자와 투자자에게 긍정적인 이미지를 심어 줄 수 있다. 이러한 친환경 전략은 장기적인 성장 가능성을 높이며, 궁극적으로 기업 가치를 증대시키는 중요한 요소가 된다.

이러한 지속 가능한 경영은 대기업이나 중견기업만의 전략이 아니다. 최근 많은 기업이 환경, 사회, 지배 구조(ESG) 강화를 통해 가치를 높이고 있다. 친환경적인 생산 공정을 도입하고, 사회적 책임을 강화하며, 투명한 지배 구조를 확립하는 것이 투자자와 고객으로부터 긍정적인 평가를 받는 방법이다.

환경적 지속 가능성을 강조하는 것도 중요한 전략이다. 예를 들어, 제품의 친환경성을 강조하거나, 생산 과정에서 재활용 가능한 자원을 활용하는 등의 방식은 기업의 가치를 높이는 데 크게 기여할 수 있다.

7) 최종 소비자(반려동물) 및 고객 기반

과거 유통은 총판을 중심으로 대도매상, 지역 도매상, 소매상 그리고 최종 소비자로 이어지는 전통적인 유통 구조를 통해 이루어졌다. 그러나 오늘날에는 인터넷과 온라인 플랫폼을 활용한 유통 방식이 대세를 이루고 있다. 이를 통해 기업은 신규 시장에 진출하거나 맞춤형 제품과 구독 서비스를 도입하여 고객 기반을 확장하는 것이 필수적이다. 고객층이 탄탄할수록, 인수자들은 회사를 더 매력적으로 평가하게 되며, 매각 시 더 높은 가치를 인정받을 가능성이 커진다. 특히, 고객 충성도가 높은 기업은 그만큼 더 높은 가치를 극대화할 수 있다.

8) 투명한 재무 관리

회사의 재무제표와 회계 관리를 투명하게 유지하는 것은 매우 중요하다. 인수자들은 재무적으로 신뢰할 수 있는 회사에 더 큰 가치를 두기 때문에, 재무 관리가 철저하게 이루어지면 매각 시 더 유리한 조건으로 협상이 가능하다. 우리나라 「외부감사법」에 따르면, 회사가 일정 규모에 도달하면 회계 투명성을 위해 외부감사를 받아야 한다. 그러나 외부감사 대상이 아니더라도 자발적으로 외부감사를 받는 것은 회계 투명성을 높이는 좋은 방법이다. 투명한 재무 상태는 회사의 신뢰도를 보장하며, 매각 시 이를 통해 더 긍정적인 평가를 받을 수 있다.

4. 생존 전략과 성장 전략

생존 전략과 성장 전략은 기업이 외부 환경과 내부 경영 상황에 대응하며 지속 가능한 성공을 이루기 위해 반드시 고려해야 할 두 가지 핵심적인 전략이다. 이 두 전략은 목표와 실행 방식에서 차이가 있으며, 기업의 상황에 따라 적절히 선택되어야 한다.

1) 생존 전략

생존 전략은 주로 기업이 외부적 위기나 불확실한 시장 환경에 직면했을 때, 이를 극복하고 계속해서 운영할 수 있도록 하기 위해 수립되는 단기적인 전략이다. 이러한 전략은 비용 절감, 운영 효율성 강화, 핵심 사업에 집중하는 등의 방법을 통해 기업의 생존 가능성을 높이는 데 초점을 맞춘다. 예를 들어, 경제 불황이나 경쟁사와의 치열한 경쟁 속에서 기업이 살아남기 위해 불필요한 지출을 줄이고, 생산성을 높이며, 비핵심 사업을 축소하는 방식으로 운영할 수 있다.

생존 전략의 핵심은 내부의 안정화다. 위기 상황에서 기업이 살아남기 위해 재무 구조를 개선하고, 재정 건전성을 강화하는 것이 필요하다. 구조조정이나 자산 매각 등을 통해 즉각적인 현금 유동성을 확보하고, 사업의 핵심 역량에 집중함으로써 외부의 변동성에 대응한다.

2) 성장 전략

성장 전략은 기업이 안정적인 운영 기반을 다지고, 더 큰 성장을 목표로 할 때 수립되는 장기적인 전략이다. 이는 기존 시장에서의 확장 또는 새로운 시장 진출, 신제품 개발, 인수합병(M&A) 등을 통해 매출과 시장 점유율을 높이는 데 중점을 둔다.

성장 전략은 외부 확장을 통한 성과 창출을 목표로 한다. 예를 들어, 기업이 신제품을 개발해 기존 고객에게 더 많은 가치를 제공하거나, 전혀 다른 새로운 시장에 진출함으로써 새로운 고객층을 확보하는 것이 대표적인 방법이다. 또한, 인수합병을 통해 빠르게 기술력을 확보하거나 경쟁자를 제거하고 시장 내에서의 경쟁우위를 확보하는 것도 성장 전략의 중요한 요소다.

3) 생존 전략과 성장 전략의 차이

생존 전략과 성장 전략은 그 목표와 방향성에서 차이가 있다. 생존 전략은 위기 상황에서 리스크 관리와 내부 안정화에 중점을 두는 반면, 성장 전략은 기회 창출과 외부 확장을 목표로 한다. 생존 전략은 단기적인 방어적 접근으로, 기업이 현재의 위기에서 벗어나 운영을 지속할 수 있도록 하는 데 초점이 맞춰져 있다. 반면에 성장 전략은 장기적인 공격적 접근을 통해 새로운 시장을 개척하거나 제품을 확장하여 매출과 수익성을 극대화하는 데 중점을 둔다.

기업이 직면한 상황에 따라 생존 전략과 성장 전략은 각각 다른 방식으로 활용된다. 기업이 외부 위기나 경영 악화 상황에 놓였을 때는 생존 전략을 통해 비용 절감과 운영 효율성을 강화하며, 장기적인 성장을 추구할 때는 시장 확대와 신제품 개발, M&A를 통한 성장을 도모한다. 두 전략은 상황에 맞춰 유연하게 적용되어야 하며, 기업의 지속 가능성과 성공을 위한 필수적인 도구로 사용된다.

5. 성장전략으로서의 M&A 활용

중소기업, 특히 반려동물 사료 및 간식 제조업에서 M&A(인수합병)는 성장을 촉진하고 경쟁력을 강화하는 효과적인 전략이다. M&A는 회사가 새로운 기술, 시장, 자원을 빠르게 확보할 수 있는 방법으로, 외부 환경에서의 확장과 자원의 효율적인 통합을 목표로 한다. 특히, 자원이 한정된 중소기업에게는 내재적인 성장을 넘어서 빠른 시장 점유율 확보와 기술 경쟁력을 확보할 수 있는 중요한 수단이 될 수 있다.

1) M&A를 통한 시장 점유율 확대

중소기업이 성장하려면 빠르게 시장 점유율을 확대할 수 있어야 한다. M&A는 이미 자리 잡은 경쟁사를 인수하거나, 관련 제품을 가진 기업과 합병하는 방식으로 새로운 고객층을 확보하고, 시장에서의 점유율을 높이는 데 도움을 줄 수 있다. 예를 들어, 사료 제조사 A가 간식 전문 제조사 B를 인수하면, 한 회사가 두 제품군을 모두 제공할 수 있게 되어 다양한 고객층을 확보할 수 있다.

2) 제품 및 서비스 포트폴리오 확장

M&A는 제품 라인이나 서비스 포트폴리오를 확장하는 데도 매우 유리하다. 기존 제품만으로는 한계가 있을 수 있기 때문에, 새로운 제품군

을 확보하거나 기능성 제품을 추가함으로써 고객층을 더욱 넓히고 매출을 증대시킬 수 있다. 특히 반려동물 건강과 관련된 기능성 사료나 간식은 소비자들의 높은 관심을 받기 때문에, 기능성 제품을 보유한 회사를 인수하면 프리미엄 시장에서도 경쟁우위를 차지할 수 있다.

3) 기술력 및 자원 확보

중소기업이 자체적으로 신기술을 개발하는 데는 많은 시간과 비용이 들 수 있다. 하지만 M&A를 통해 기술력을 갖춘 기업을 인수하면, 해당 기술을 빠르게 자사 제품에 적용할 수 있다. 또한, 대량 생산을 위한 제조 설비나 유통망을 확보한 기업을 인수하면 제조 역량과 유통 능력을 강화할 수 있어 비용 절감 효과도 기대할 수 있다. 예를 들어, 원재료 공급망을 보유한 회사를 인수하면 안정적인 원재료 확보와 함께 생산 비용 절감이 가능하다.

4) 경쟁 제거

M&A는 시장에서의 경쟁을 줄이는 방법으로도 활용된다. 주요 경쟁사를 인수하거나 합병하게 되면, 가격 경쟁에서 벗어나 시장에서의 지배력을 강화할 수 있다. 이를 통해 기업은 안정적인 시장 지위를 확보할 수 있으며, 경쟁사들의 성장 가능성을 제한할 수 있다.

5) M&A의 장점

M&A는 중소기업이 자체 성장보다 더 빠르게 성장할 수 있는 방법이다. 새로운 시장에 진출하거나, 기술과 자원을 한꺼번에 확보할 수 있기 때문에 성장이 가속화된다. 또한, 중복된 비용을 줄이고, 생산성과 운영

효율성을 높여 비용 절감 효과도 누릴 수 있다. 두 회사의 시너지를 통해 더 큰 성과를 얻는 것이 M&A의 중요한 장점이다.

6) M&A의 단점과 주의점

M&A는 많은 장점을 제공하지만, 문화적 충돌이 발생할 수 있다. 두 회사의 조직 문화가 다를 경우, 통합 과정에서 갈등이 발생하고, 이는 회사 운영에 부정적인 영향을 미칠 수 있다. 또한, M&A는 대규모 자금이 필요하기 때문에 자금 조달 계획을 면밀히 세우지 않으면 재정적 부담이 클 수 있다. 특히, 인수할 기업의 가치를 과대평가하거나 시너지 효과가 기대만큼 나타나지 않을 경우 실패 위험이 있다.

반려동물 사료 및 간식 산업에서 M&A는 중소기업이 성장하고 경쟁력을 강화할 수 있는 강력한 도구다. 이를 통해 시장 점유율 확대, 제품 포트폴리오 확장, 기술력 확보, 경쟁사 제거 등을 이루어 낼 수 있으며, 비용 절감과 시너지 효과도 기대할 수 있다. 그러나 M&A를 성공적으로 활용하기 위해서는 철저한 실사와 통합 계획이 필수적이며, 인수 후에도 조직 문화와 운영 효율성에 주의하여 관리해야 한다.

6. 인수 후 통합
   (Post-Merger Integration: PMI) 전략

　기업이 매각된 이후에는 인수 후 통합 전략이 중요하다. PMI는 매수자가 회사를 인수한 후에 원활한 통합을 이루어 내기 위한 전략이다. 통합 과정에서 매도자가 일정 기간 동안 자문 역할을 맡아 경영을 지원하는 것도 고려할 수 있다. 이는 매수자에게 안정성을 제공하고, 통합을 원활하게 진행할 수 있는 중요한 요소가 될 수 있다.

　PMI 과정은 단순한 물리적 통합을 넘어, 기업 간 조직, 문화, 시스템을 통합하여 시너지 효과를 극대화하는 데 중점을 둔다. 이 과정은 인수합병의 성공 여부를 결정하는 중요한 요소로, 조직 간의 갈등을 줄이고, 새로운 비전과 리더십을 통해 통합된 조직이 목표를 달성할 수 있도록 돕는 역할을 한다.

1) PMI의 중요성

　PMI는 인수합병 후의 성과를 좌우하는 매우 중요한 과정이다. 인수합병이 이루어진 후, 조직 내 불확실성을 줄이고, 두 회사의 역량을 결합하여 운영 성과를 극대화하는 것이 PMI의 목적이다. 통합 과정에서 발생하는 조직 간의 갈등을 최소화하고, 효율적인 통합을 통해 기업의 가치와 성과를 높이는 것이 목표다. 많은 인수합병이 PMI 과정에서 실패하는데, 이는 통합의 중요성을 간과하거나 적절히 관리하지 못했기 때문이다.

2) PMI의 주요 요소

PMI는 크게 과업 통합과 인적 통합으로 구분된다.

① **과업 통합(Task Integration)**: 인수합병의 목적에 맞추어 자원의 공유, 역량 이전 등을 통해 시너지 효과를 창출하는 과정이다. 이 과정은 두 회사 간의 전략적 유사성을 기반으로 이루어지며, 자원과 기술을 효과적으로 통합하여 인수합병의 이점을 최대한 활용한다.

② **인적 통합(Human Integration)**: 두 조직의 문화적 차이를 극복하고, 통합된 조직 내에서 공동의 목표를 공유하는 과정이다. 인적 통합이 성공적으로 이루어지면, 직원들은 통합된 조직에서 만족감을 느끼고, 공유된 정체성을 형성하게 된다. 통합 과정에서 의사소통을 강화하고, 직원들의 두려움을 줄이는 것이 중요하다.

3) 통합 전략의 유형

PMI는 인수된 회사와 인수 회사의 변화 정도에 따라 다양한 통합 전략으로 나눌 수 있다.

① **흡수 통합(Absorption)**: 인수된 회사가 인수 회사에 완전히 통합되는 형태로, 인수된 회사가 대부분의 변화를 겪는다.

② **독립 경영(Preservation)**: 두 회사 모두 변화를 최소화하고, 피인수 회사가 독립적으로 운영되면서 통합이 이루어진다.

③ 혼성 절충 전략(Hybrid): 양사의 장점을 결합하여, 기술, 시스템 등을 조화롭게 통합하는 방식이다. 두 회사의 강점을 활용해 상호 보완적인 통합을 이루는 것이 특징이다.

4) PMI 성공을 위한 주요 요인

성공적인 PMI를 위해서는 빠른 통합 계획과 실행이 필수적이다. 통합 후 100일 이내에 실행 계획을 세우고, 이를 신속하게 진행해야 조직 간의 갈등을 최소화할 수 있다. 또한, 강력한 리더십을 통해 조직 내에서 명확한 비전과 목표를 제시해야 한다. 특히, 인적 통합에서 핵심 인재의 이탈을 방지하고, 조직 내 구성원들이 새로운 조직에 적응할 수 있도록 돕는 것이 매우 중요하다.

5) PMI의 단계

PMI는 크게 4단계로 이루어진다.

① 거래 전 준비(Pre Deal): 인수합병 이전에 통합 계획을 수립하고, 실사 과정을 통해 통합에 필요한 요소들을 분석한다.

② 통합 계획(Integration Planning): 인수합병이 완료된 후, 통합을 위한 마스터플랜을 수립하고, 시너지 효과를 극대화할 방법을 설계한다.

③ 통합 실행(Integration Execution): 통합 계획에 따라 조직, 인력, 시스템을 통합하는 단계로, 빠른 실행이 중요하다.

④ 통합 평가(Integration Evaluation): 통합 후 성과를 모니터링하고, 통합 과정에서 발생한 문제를 해결하며, 목표를 달성하기 위한 지속적인 점검이 이루어진다.

PMI는 인수합병 후 두 조직을 하나로 통합하는 데 필수적인 과정이며, 성공적인 통합을 통해 시너지 효과를 극대화할 수 있다. 이를 위해서는 빠른 통합 계획, 명확한 리더십, 문화적 통합이 필요하며, 조직 내의 갈등을 줄이고, 직원들이 새로운 조직에 적응할 수 있도록 도와야 한다. 성공적인 PMI를 통해 기업은 인수합병의 목표를 달성하고, 장기적인 성과를 높일 수 있다.

6) PMI 과정에서 신임 대표의 중요성

PMI(Post-Merger Integration) 과정에서 신임 대표는 기업의 성공적인 통합을 이끌어 내기 위해 중요한 역할을 수행한다. 조사에 의하면 M&A 후 실패의 약 65% 이상이 인수 후 통합의 문제로 인하여 발생한 것이라고 한다. 이 과정에서 새로 취임한 대표의 역할은 매우 중요하다. 인수합병 후 통합 과정을 원활하게 관리하는 것은 기업이 M&A를 통해 기대하는 성과를 달성하는 데 필수적이다. 신임 대표는 통합 과정에서 명확한 방향을 제시하고, 직원들이 변화에 적응할 수 있도록 도와야 하며, 이를 통해 시너지 효과를 극대화해야 한다. 반면, 잘못된 접근은 조직 내 혼란과 갈등을 초래할 수 있다.

① 신임 대표가 해야 할 중요한 사항

먼저, 명확한 비전을 제시하는 것이 필수적이다. 신임 대표는 인수합병 후 통합된 기업의 새로운 비전과 목표를 제시해야 한다. 이를 통해 직원들이 통합 과정의 방향성과 목적을 이해할 수 있도록 도와야 한다. 신임 대표는 기업이 장기적으로 어떤 목표를 달성할 것인지에 대한 명확한 비전을 제시함으로써, 직원들이 변화에 대한 긍정적인 자세를 갖도록 유도할 수 있다.

또한, 조직 통합을 주도해야 한다. 인수합병 후 조직 구조와 인력을 통합하는 것은 PMI의 핵심이다. 신임 대표는 인수된 회사의 조직과 기존 조직 간의 역할을 명확히 정하고, 혼란을 줄이기 위해 신속하고 효율적으로 통합을 진행해야 한다. 또한, 이러한 통합 과정에서 발생하는 갈등을 최소화하기 위해 신임 대표는 리더십을 발휘하고, 직원들이 통합 과정에 적극적으로 참여하도록 독려해야 한다.

문화 융합도 중요하다. 두 회사의 조직 문화가 다를 경우, 이를 적절히 융합하는 것이 PMI 성공의 핵심이다. 신임 대표는 각 회사의 조직 문화를 존중하며, 새로운 통합 문화를 형성해야 한다. 이를 위해 워크숍이나 교육 프로그램을 통해 직원들이 서로의 문화를 이해하고, 협력할 수 있는 환경을 조성해야 한다. 또한, 커뮤니케이션을 강화하여 직원들과의 소통을 지속적으로 유지함으로써 통합 과정에서 발생할 수 있는 불안을 해소하는 것이 중요하다.

성과 모니터링과 피드백 제공도 중요한 역할이다. PMI 과정에서 신임 대표는 통합의 성과를 측정하고, 이를 기반으로 피드백을 제공해야 한다. 성과 지표를 설정하여 비용 절감, 매출 증대, 고객 유지율 등에서의 성과를 평가하고, 직원들에게 실질적인 목표를 제시하여 성취감을 느낄 수 있도록 해야 한다.

② 신임 대표가 절대 해서는 안 되는 사항

반면, 신임 대표가 피해야 할 중요한 사항들도 있다. 일방적인 결정을 내리는 것은 금물이다. 신임 대표가 모든 결정을 일방적으로 내리면 직원들의 참여와 협력이 저해되고, 조직 내 갈등이 발생할 수 있다. 특히, 구조조정이나 인력 감축을 충분한 협의 없이 진행하는 것은 조직 내 혼란을 초래할 수 있다. 이러한 결정은 직원들의 불안감을 증폭시키고, 신임 대표에 대한 신뢰를 저하시킬 수 있다.

또한, 문화적 차이를 무시해서는 안 된다. 두 회사의 문화가 다를 때, 한쪽의 문화를 강요하거나 상대 회사의 문화를 무시하는 것은 조직 내 갈등을 초래하는 주요 원인이다. 신임 대표는 두 회사의 문화를 존중하고, 융합을 촉진하는 전략을 마련해야 한다. 문화적 차이를 극복하고, 새로운 통합 문화를 형성하는 과정에서 직원들의 협력이 필수적이다.

불투명한 커뮤니케이션도 피해야 한다. 통합 과정에서 소통이 부족하면, 직원들 사이에서 불안과 불확실성이 커질 수 있다. 특히, 통합의 목표와 절차, 변화 내용 등을 명확히 전달하지 않으면 조직 내 혼란이 가중될 수 있다. 신임 대표는 투명한 소통을 통해 통합 과정에서 발생하는 변화를 명확하게 설명하고, 직원들이 불안해하지 않도록 적절한 정보를 제공해야 한다.

7) M&A를 통해 Exit를 마무리하며

나의 창업 여정은 처음부터 결코 쉽지 않은 길이었다. 누구도 나에게 성공을 보장해 주지 않았고, 내가 선택한 길은 마치 끝을 알 수 없는 험난한 바다를 홀로 항해하는 선장의 이야기와 같았다. 매 순간마다 나는 목숨을 걸고 결정을 내렸으며, 실패와 좌절은 언제나 곁을 맴돌았다. 그러나 나는 끈기와 열정을 놓지 않았다. 밤늦도록 켜 둔 불빛 아래에서 홀로 고뇌하며 의사결정의 무게에 짓눌린 밤, 잠을 이루지 못한 채 끊임없이 내일을 준비하던 그 시간들이, 어느새 15년이라는 긴 세월을 만들어 냈다.

사람들이 보지 못한 내 삶은 고된 노동과 끝없는 결단의 연속이었다. 언제나 성공과 실패의 갈림길에서 나는 흔들리지 않기 위해 외로움과 싸웠다. 나만의 신념과 목표를 지켜 내기 위해 세상과 맞서야 했고, 주변의 시선과 평가 속에서도 포기하지 않고 묵묵히 나아갔다. 내가 선택한 길은 쉬운 길이 아니었다. 때로는 모두가 나를 이해하지 못할 때조차, 나는 나 자신을 믿고 나아가야 했다. 그것이 나의 15년간의 일상이었다. 그동안 겪은 모든 고난은 나를 더욱 강한 사람으로 성장하게 해 주었다.

내 창업의 여정은 망망대해를 홀로 헤쳐 나가는 선장의 모습과도 같았다. 끝을 알 수 없는 바다 위에서, 길이 보이지 않는 순간에도 나는 그저 나침반을 믿고 나아갈 수밖에 없었다. 실패와 좌절은 나를 흔들었지만, 그 속에서 배운 교훈과 깨달음이 나를 더 단단하게 만들었다. 그 길이 너무 험해 보일 때도, 모든 것이 멈춘 듯한 순간에도, 나는 포기하지 않았다. 매번 무너지더라도 다시 일어섰고, 그 길 위에서 자신의 한계를 넘어설 힘을 배웠다.

그리고 마침내 그 오랜 여정이 끝을 맺는 순간, 나는 M&A라는 성공적인 Exit를 통해 결실을 보았다. 이는 단순히 한 사업을 마무리하는 것이 아니었다. 꿈을 현실로 만든 기나긴 여정의 완성이었다. 창업 당시의 작은 아이디어, 작은 씨앗이 자라나 이제 기업이라는 나무가 되었다. 그리고 그 나무는 더 큰 땅에서, 더 넓은 세상 속에서 더 많은 열매를 맺기 위해 떠나게 된 것이다.

  이것은 결말이 아닌, 새로운 여정의 서막이었다. 그동안의 고통과 희생 그리고 그 속에서 쌓아 온 모든 노력이 결실로 바뀌는 순간이었다. 긴 여정의 끝에서 나는 마침내 그 무거운 책임에서 벗어나 새로운 기회를 맞이할 준비가 되었다. 이 Exit는 오랜 시간의 노력과 믿음의 결과였고, 내가 가진 열정이 세상으로부터 인정받는 순간이었다.

  이제 내가 지나온 길 위에는 수많은 땀방울과 눈물 그리고 불굴의 의지가 남아 있다. 그동안 겪었던 모든 도전과 실패는 성공의 기쁨으로 바뀌었고, 나의 길은 결국 꿈을 이루어 냈다는 자부심으로 빛나고 있다. 이 모든 과정 속에서 나는 포기하지 않았고, 마침내 성공적인 마무리를 이루어 냈다. 이제 나는 새로운 시작을 위한 준비를 마쳤다. 그동안의 도전은 영광스러운 승리로 기억될 것이다.

에필로그

작년 10월부터 숨 가쁘게 달려왔다. 오늘 대금이 입금되면 회사의 M&A가 이제 종결이 된다. 한편으로는 내 자신의 장례를 치르는 기분이기도 하다. 수십 년간 살아온 내 생활 패턴을 이제 바꿔야 하는데 새로운 세계가 두렵기도 하다. 하지만 미래에 대한 기대로 설레는 것은 왜일까? 지금까지 살아오면서 겪은 말 못 할 마음속의 트라우마들은 아직 치료되지 못했다. 못 배우고 가난한 우리 부모님의 한을 달래기 위하여 쉼 없이 달려온 기나긴 여정을 이제는 마감하려 한다.

고등학교 입학 후 첫날 부모님의 학력을 물어보는데 왜 그리도 창피했던지…. 가진 자들의 오만과 편견이 죽이고 싶도록 미웠다. 공정하고 공평하지 못한 이놈의 사회가 너무 싫었다. 나의 이 한과 트라우마가 아내와 지식들에게 전달되지 않게 하기 위하여, 부끄러운 남편과 못난 아빠가 되지 않기 위하여 그리고 남들에게 무시당하지 않게 하기 위하여 나는 그동안 하나뿐인 목숨을 담보 삼아 하루하루를 전쟁보다 더 힘겹게 그렇게 30년을 살아왔다. 이제 이 일도 마감할 때가 됐구나 싶다.

아마 몇 시간 후면 나와 우리 가족에게 적지 않은 돈이 입금될 것이다. 그리고 몇 년 후 남은 나의 지분까지 매각하면 추가로 돈이 들어올 것이다. 남에게 아쉬운 소리는 하지 않을 수 있는 자산가가 될 것이고, 이 돈이면 돈과 관련된 어느 정도의 한(恨)은 해소가 될 것 같다. 그런데 왜 이리도 마음 한구석이 텅 빈 것 같을까?

많은 사모펀드가 그러하듯이 "이번 인수를 철저하게 비밀로 해 달라."

라는 인수자들의 부탁이 고맙다. "오히려 그것은 내가 부탁하고 싶은 것이다."라고 말한 것은 아마도 조금이라도 더 이 회사를 내가 품고 싶어서 최후의 발악을 한 것이 아닐까?

올해까지 일차적인 인수인계 절차를 마치고, 3년 후부터는 더 자유로운 몸이 될 것이다. 그때가 되면 새장 속의 새가 하늘을 날 수 있을지, 아니면 이미 날개가 퇴화되어 또 힘든 투쟁과 연습을 해야 할지…. 그동안 나의 몸에 맞지 않는 옷을 입고 30년을 살았는데, 새로 만들어 입는 옷이 과연 내 몸에 맞을지도 의문이다.

만감이 교차하는 이 기분은 또 어떤 의미일까? 오늘은 퇴근하고 혼자 맥주나 한잔하고 집에 가야겠다.

- 2021년 6월 28일 아침 4시 20분, ㈜에이티바이오 사무실에서

무난히 Exit 할 수 있도록 도와주신 여러 거래처 사장님, 임직원 여러분께 감사드립니다.